Arbeitsrecht von A bis Z

Ratgeber für Mittelstand und Existenzgründer

Rechtsanwalt Martin Bonelli | Industrie- und Handelskammer Darmstadt

DIHK Deutscher Industrie- und Handelskammertag

Hinweis	Aus Gründen der besseren Lesbarkeit wird in diesem Leitfaden weitgehend auf die Verwendung beider Geschlechtsformen verzichtet. Ist nur eine Form genannt, ist die jeweils andere auch gemeint.
Herausgeber	DIHK - Deutscher Industrie- und Handelskammertag e.V. Postanschrift: 11052 Berlin Besucheranschrift: Breite Straße 29 | Berlin-Mitte Telefon (030) 20 308-0 | Telefax (030) 20 308-1000 Internet: www.ihk.de
Copyright	Alle Rechte liegen beim Herausgeber. Ein Nachdruck – auch auszugsweise – ist nur mit ausdrücklicher schriftlicher Genehmigung des Herausgebers gestattet.
Verlag	DIHK Verlag bestellservice@verlag.dihk.de | Telefax 02225-8893-595 Werner-von-Siemens-Straße 13 | 53340 Meckenheim Internet: www.dihk-verlag.de
Stand	Februar 2015 | 8. Auflage
Herstellung	typoplus, W. Siewert | Bonn
Druck	Druckerei Reinhold Festge GmbH & Co. KG
Bildnachweis Titel	©Iryna Kurhan (ww.thinkstock.com) | typoplus, W. Siewert

■ Vorwort

Klein-, Mittel- oder Großbetrieb – die tägliche arbeitsrechtliche Problematik konfrontiert den Unternehmer und dessen Führungskräfte mit einer Vielzahl von Fragen, die oft schnell und immer sicher und zuverlässig gelöst werden müssen.

Dieser Wegweiser soll dazu beitragen, dass Rechtsprobleme im Arbeitsrecht als solche überhaupt erkannt werden und ein Lösungsweg gefunden wird. Er gibt jedoch nur einen ersten sehr allgemein gehaltenen Überblick über das Arbeitsrecht. Der Wegweiser ist lediglich als Orientierungshilfe gedacht und nicht zur Lösung von Einzelfällen. Auch die nachfolgenden **Muster** sind nur als Checklisten mit Formulierungshilfen zu verstehen. Es ist unbedingt zu beachten, dass die Muster jeweils dem Einzelfall angepasst werden müssen und im Einzelnen auszuhandeln sind. Außerdem sind sie auf den jeweiligen Stand der Rechtsentwicklung hin zu überprüfen. Zu berücksichtigen ist unbedingt, ob und welcher Tarifvertrag Anwendung findet.

Der Umfang des Arbeitsrechtes sprengt eine solche Broschüre, deshalb wurden Schwerpunkte der alltäglichen betrieblichen Praxis alphabetisch von A bis Z ausgewählt. Einzelgesetze und höchstrichterliche Rechtsprechung sind eingearbeitet. Zahlreiche Themen sind von einzelnen Industrie- und Handelskammern in Form von **Merkblättern** und **Newslettern** vertieft behandelt worden und sind auf deren **Homepages** zu finden.

Bei arbeitsrechtlichen Fragen im Einzelfall ist fachkundiger Rat einzuholen, sei es bei Arbeitgeberverbänden, Industrie- und Handelskammern oder Rechtsanwälten bzw. Fachanwälten für Arbeitsrecht. Eine Liste einzelner Bundesministerien, -behörden und -gerichte ist im Anhang angefügt.

Stichwortverzeichnis

A	Abfindung	9
	Abmahnung	11
	Allgemeines Gleichbehandlungsgesetz (AGG)	
	→ Benachteiligungsverbote	43
	Änderungskündigung	13
	Arbeitnehmerhaftung	14
	Arbeitnehmerüberlassung	16
	Arbeitslohn/-entgelt → Vergütung	121
	Arbeitspflicht → Pflichten	102
	Arbeitsunfähigkeit → Krankheit	80
	Arbeitsvertrag	17
	Arbeitszeit	24
	Aufhebungsvertrag	25
	Aushilfen → Aushilfsarbeitsverhältnis	31
	Aushilfsarbeitsverhältnis	31
	Ausländer → Ausländerbeschäftigung	33
	Ausländerbeschäftigung	33
B	Befristetes Arbeitsverhältnis	34
	Behinderte → Schwerbehinderte	109
	Benachteiligungsverbote und unzulässige Ungleichbehandlungen nach dem AGG	43
	Betriebsübergang/-nachfolge	46
	Betriebsurlaub/-ferien	49
	Bewerbung → Einstellungsgespräch	50
	Bildungsurlaub → Urlaub	116
D	Direktionsrecht → Weisungsrecht → Pflichten	102
	Diskriminierungsverbot → Benachteiligungsverbot	43
E	Einstellungsgespräch und -fragebogen	50
	Elternzeit und Elterngeld (früher „Erziehungsurlaub und Erziehungsgeld")	53
	Entgelt → Vergütung	121

	Entgeltfortzahlung → Krankheit	80
	Erziehungsurlaub, -geld → Elternzeit	53
F	Familienpflegezeit	57
	Feiertage	58
	Freie Mitarbeiter	59
	Freistellung	65
	Fürsorgepflicht → Pflichten	102
G	Geringfügige Beschäftigung	68
	Gratifikation	76
H	Haftung des Arbeitnehmers → Arbeitnehmerhaftung	14
J	Jubiläumszahlung → Gratifikation	76
K	Konkurrenztätigkeit → Pflichten/Wettbewerbsverbot	102
	Krankheit	80
	Kündigung	84
	Kündigungsfristen → Kündigung	84
	Kündigungsschutz	91
	Kurzfristige Beschäftigung → Geringfügige Beschäftigung	68
M	Mankohaftung → Arbeitnehmerhaftung	14
	Mindestlohn	96
	Mutterschutz	97
N	Nachweisgesetz/-pflicht → Arbeitsvertrag	17
	Nebentätigkeit	100
P	Pflegezeit	101
	Pflichten	102
	Probezeit	104
S	Scheinselbstständigkeit, rentenversicherungspflichtige Selbstständige	106
	Schwangere, Schwangerschaft → Mutterschutz	97
	Schwerbehinderte	109
	Sonderurlaub → Freistellung	65

	Sonderurlaub für Mitarbeiter in der Jugendarbeit → Urlaub	120
	Sonderzahlung/-leistung → Gratifikation	76
T	Tarifverträge	111
	Teilzeitarbeit	112
U	Urlaub	116
	Urlaubsgeld/-entgelt → Urlaub	119
	Unbezahlter Urlaub → Urlaub	119
	Unternehmensnachfolge → Betriebsübergang	46
V	Vergütung	121
	Verschwiegenheitspflicht → Pflichten	102
	Vorstellungsgespräch/-kosten → Einstellungsgespräch	50
W	Weihnachtsgeld → Gratifikation	76
	Weisungsrecht → Pflichten	102
	Wettbewerbsverbot → Pflichten	102
Z	Zeitarbeit → Arbeitnehmerüberlassung	16
	Zeugnis	122
	Zuwendung → Gratifikation	76

Adressenverzeichnis 125

Vertragsmuster

Arbeitsvertrag (Vollzeit, unbefristet)	20
Aufhebungsvertrag	29
Aushilfsvertrag	32
Befristeter Arbeitsvertrag	38
Freie Mitarbeit	61
Geringfügige Beschäftigung	71
Teilzeitarbeit	115

A

■ Abfindung

Die Abfindung ist eine Entschädigung für den Verlust des Arbeitsplatzes.

1. Eine Verpflichtung des Arbeitgebers zur Zahlung einer Abfindung besteht nur in **Ausnahmefällen, wenn**
- eine gerichtliche Entscheidung über die Auflösung einer unwirksamen Kündigung getroffen wurde,
- eine tarifvertragliche Regelung besteht,
- eine einzelvertragliche Vereinbarung zwischen Arbeitgeber und Arbeitnehmer existiert,
- ein Sozialplan zwischen Arbeitgeber und Betriebsrat vereinbart wurde,
- ein gerichtlicher oder außergerichtlicher Vergleich über die Auflösung des Arbeitsverhältnisses gegen Zahlung einer Abfindung geschlossen wurde.

Beachte: *Bei zulässigen, sozial gerechtfertigten Kündigungen bestehen entgegen einer immer noch weit verbreiteten Ansicht nach dem Gesetz keine* **Abfindungsansprüche;** *tatsächlich werden jedoch aus pragmatischen Gründen häufig Abfindungen gezahlt.*

Höhe der Abfindung

Die Höhe der Abfindung durch Urteil kann je nach Betriebszugehörigkeit und Lebensalter bis zu 18 Monatsgehälter betragen.

Arbeitsgerichte wenden bei der Berechnung regelmäßig die Formel an:
pro Beschäftigungsjahr ein halbes Bruttomonatsgehalt

2. **Abfindungsansprüche bei betriebsbedingter Kündigung**
Der Arbeitnehmer hat seit dem 01.01.2004 unter besonderen Voraussetzungen einen **gesetzlichen Anspruch auf betriebsbedingte Abfindung.** Der Anspruch entsteht mit dem Ablauf der Kündigungsfrist, wenn er nicht bis zum Ablauf der dreiwöchigen Klagefrist schriftlich Klage auf Feststellung vor dem Arbeitsgericht erhebt, dass das Arbeits-

verhältnis durch die Kündigung nicht aufgelöst ist. Voraussetzung dieses Abfindungsanspruchs ist, dass
a) die Kündigung auf **dringende betriebliche Gründe** gestützt ist **und**
b) der Arbeitgeber den Arbeitnehmer in der Kündigungserklärung darauf hingewiesen hat, dass die **Kündigung betriebsbedingt erfolgt** ist und er bei Verstreichenlassen der Klagefrist die Abfindung beanspruchen kann.

Mit dem Abfindungsanspruch kann der Arbeitgeber den Arbeitnehmer für einen Klageverzicht gewinnen.

Schließlich ist auch die **Höhe dieses gesetzlichen Abfindungsanspruchs** geregelt:
Sie beträgt **0,5 Monatsverdienste für jedes Jahr des Bestehens des Arbeitsverhältnisses.** Dabei gilt als Monatsverdienst, was der Arbeitnehmer bei der für ihn maßgebenden regelmäßigen Arbeitszeit in dem Monat, in dem das Arbeitsverhältnis endet, an Geld und Sachbezügen zusteht. Bei der Ermittlung der Dauer des Arbeitsverhältnisses ist ein Zeitraum von mehr als sechs Monaten auf ein volles Jahr aufzurunden.

Bei Abfindungen, die **seit dem 31.12.2005** vereinbart oder gerichtlich festgesetzt werden, gibt es **keine steuerlichen Freibeträge** mehr. Trotz des Wegfalls der Steuerfreiheit verbleibt dem Arbeitnehmer die Möglichkeit, die Abfindung nach der sogenannten „Fünftel-Regelung" vergünstigt zu versteuern. Dadurch wird er so gestellt, als ob die Abfindung über fünf Jahre verteilt ausgezahlt worden wäre.

> **Beachte:** *Die Steuerpflicht der Abfindung führt nicht zu ihrer Heranziehung zum Beitragseinzug in der Sozialversicherung. Abfindungen sind und bleiben* **sozialversicherungsrechtlich beitragsfrei.**

Ruhen des Anspruchs auf Arbeitslosengeld

Soweit die für den Arbeitgeber geltende ordentliche Kündigungsfrist hinsichtlich der Auflösung nicht eingehalten wurde, ruht der Anspruch auf das Arbeitslosengeld gemäß §§ 143 a, 144 Sozialgesetzbuch Drittes Buch (SGB III) bis zu zwölf Monate. Bei Einhaltung der Kündigungsfrist tritt weder ein Ruhen des Anspruchs auf Arbeitslosengeld noch eine Anrechnung der Abfindung auf das Arbeitslosengeld ein.

■ Abmahnung

Die Abmahnung ist eine Rüge des Arbeitgebers, mit der er in einer für den Arbeitnehmer hinreichend deutlich erkennbaren Art und Weise Fehlverhalten beanstandet und androht, im Wiederholungsfall die Fortsetzung des Arbeitsverhältnisses in Frage zu stellen.

Die Abmahnung ist grundsätzlich unverzichtbare Voraussetzung bei **verhaltensbedingten Kündigungen** (z.B. unentschuldigtes Fehlen, Schlechtleistung, Beleidigung von Kollegen, verspätete Krankmeldung → Arbeitsunfähigkeit, → Kündigungsschutz). Dies deshalb, weil eine Kündigung immer das letzte Mittel sein soll, auf eine Verletzung arbeitsvertraglicher Pflichten zu reagieren (Verhältnismäßigkeitsgrundsatz!). Bevor es zu einer Kündigung kommt, soll dem Arbeitnehmer unmissverständlich klargemacht werden, welchen Fehler er begangen hat und was in Zukunft von ihm erwartet wird.

Die Abmahnung ist regelmäßig **entbehrlich:**
- bei Vertrauensbruch (z.B. Diebstahl, Unterschlagung, Betrug)
- bei schwerwiegenden Störungen im Bereich des betrieblichen Zusammenlebens (z.B. eigenmächtiger Urlaub, Missbrauch von Kontrolleinrichtungen)
- wenn der Arbeitnehmer auf keinen Fall mit der Billigung seines Verhaltens rechnen konnte (z.B. Tätigkeit für die Konkurrenz)
- bei Fruchtlosigkeit bisheriger Abmahnungen
- in den ersten sechs Monaten der Beschäftigung und in Betrieben, in denen regelmäßig maximal fünf oder weniger Arbeitnehmer beschäftigt sind (ohne Auszubildende), wenn es sich um eine fristgerechte Kündigung handelt; im Falle einer außerordentlichen Kündigung ist vor deren Ausspruch mindestens eine vergebliche Abmahnung notwendig. Bei der Zahl der beschäftigten Arbeitnehmer sind teilzeitbeschäftigte Arbeitnehmer mit einer regelmäßigen wöchentlichen Arbeitszeit von nicht mehr als 20 Stunden mit 0,5 und nicht mehr als 30 Stunden mit 0,75 zu berücksichtigen. Für ab dem 31.12.2003 begründete Arbeitsverhältnisse ist eine Abmahnung auch entbehrlich in Betrieben, in denen in der Regel 10 oder weniger Arbeitnehmer (ohne Auszubildende) beschäftigt werden, soweit deren Arbeitsverhältnis nach dem 31.12.2003 begonnen hat (→ Kündigungsschutz).

Inhalt

Die Abmahnung muss präzise formuliert sein und folgende **Bestandteile** enthalten:
(1) kurze Beschreibung des konkreten Fehlverhaltens unter Angabe von Datum, Ort und Zeit (Hinweisfunktion),
(2) Hinweis auf die Vertragswidrigkeit des Verhaltens und die Aufforderung, künftig das vertragswidrige Verhalten einzustellen (Beanstandungsfunktion) **und**
(3) Androhung, dass im Wiederholungsfalle mit einer Kündigung des Arbeitsverhältnisses zu rechnen ist (Warnfunktion).

Aus Beweisgründen sollte die Abmahnung schriftlich (mit Datum und Unterschrift des Abmahnungsberechtigten) oder in Anwesenheit von Zeugen erfolgen.

> **Tipp:** *Bei Fehlverhalten des Arbeitnehmers ist es empfehlenswert, frühzeitig zu reagieren, z.B. mit einem persönlichen Gespräch und ggf. einer* **Ermahnung.** *Ein solches gestuftes Verfahren ist besser geeignet, Fehlverhalten abzustellen, als zu langes Abwarten und fehlende Reaktionen. Denn bei einem Fehlverhalten, das sich bereits über längere Zeit sanktionslos verfestigt hat, führt auch häufig eine am Ende ausgesprochene Abmahnung nicht mehr zum gewünschten Erfolg.*

Abmahnen darf jeder, der dem Betroffenen gegenüber weisungsbefugt ist. Dies kann der Dienstvorgesetzte, auch der unmittelbar Fachvorgesetzte sein.

Eine Kopie der Abmahnung (mit Empfangsvermerk) gehört in die Personalakte. Die Abmahnung sollte **unverzüglich** nach dem Fehlverhalten erfolgen. Im Anschluss an die Abmahnung muss dem Abgemahnten hinreichend Zeit zur Bewährung – wenigstens vier Wochen – gelassen werden, bevor eine Kündigung erfolgen sollte.

Wie oft abgemahnt werden muss, lässt sich nur von Fall zu Fall entscheiden. Bei leichten Fällen – z.B. Verspätung um wenige Minuten – wird öfters abzumahnen sein als bei gravierendem Fehlverhalten, wie beispielsweise die Missachtung eines betrieblichen Alkoholverbots.

Muster

„Sehr geehrte/r Frau/Herr ....,
leider sehen wir uns gezwungen, Sie aus folgenden Gründen abzumahnen:
Sie sind am 08.01.2012 zum wiederholten Male ohne triftigen Grund zu spät zur Arbeit erschienen, nämlich erst um .... Uhr, statt um .... Uhr.
Wir fordern Sie auf, pünktlich zur Arbeit zu erscheinen.
Sollten Sie dieser Aufforderung nicht Folge leisten, müssen Sie mit arbeitsrechtlichen Konsequenzen einschließlich einer Kündigung rechnen."

Beachte: *Vor Ausspruch der Abmahnung besteht keine Pflicht, den Arbeitnehmer anzuhören.*

■ Änderungskündigung

Die Änderungskündigung ist eine Kündigung, die eine **Änderung einzelner Arbeitsbedingungen** durch den Arbeitgeber bezweckt, aber zur Beendigung des gesamten Arbeitsvertrages führt, wenn der Arbeitnehmer nicht in die angebotene Änderung des Vertrages einwilligt.

Beabsichtigt der Arbeitgeber die Änderung einer Bedingung des Arbeitsvertrages (z.B. Lohn oder Arbeitszeit), so ist dies nur möglich durch Abänderung des Arbeitsvertrages. Wenn der Arbeitgeber dies nicht einseitig im Rahmen seines Weisungsrechts (→ Pflichten) anordnen darf, kann dies nur einvernehmlich mit dem Arbeitnehmer geschehen oder durch Kündigung des gesamten bisherigen Vertrages, verbunden mit dem Angebot, das Arbeitsverhältnis nach Ablauf der Kündigungsfrist zu den geänderten Bedingungen fortzusetzen.

Bei der Änderungskündigung handelt es sich um eine echte Kündigung, die deshalb den für eine Beendigungskündigung geltenden Grundsätzen unterliegt (→ Kündigung).

Muster

„Sehr geehrte/r Frau/Herr ....,

aufgrund des Auftragsrückgangs sind wir nicht mehr in der Lage, Ihnen den bisherigen Stundenlohn zu zahlen.

Wir kündigen Ihnen deshalb Ihr Arbeitsverhältnis fristgerecht zum ....

Wir sind jedoch bereit, das Arbeitsverhältnis zu einem um 1 Euro geringeren Stundenlohn, also mit 9 Euro fortzusetzen, sofern Sie damit einverstanden sind."

Beachte: *Die Rechte des Betriebsrats sind zu beachten (§§ 102, 99 Betr VG).*

■ Arbeitnehmerhaftung

Bei **schuldhafter Verletzung** seiner **arbeitsvertraglichen Pflichten** haftet der Arbeitnehmer dem Arbeitgeber für den eingetretenen Schaden.

Hierzu bestehen folgende **Haftungsregeln:**
- Bei **leichter Fahrlässigkeit** haftet der Arbeitnehmer überhaupt nicht.
- Bei **normaler Fahrlässigkeit** besteht im Grunde eine Schadensersatzpflicht. Sie beschränkt sich jedoch auf eine Beteiligung an den Schadensfolgen, die nach den Umständen aufgeteilt werden. Dabei wird auf Seiten des Arbeitnehmers das **Verschulden** und seitens des Arbeitgebers das **Betriebsrisiko** gegeneinander abgewogen. Der Schadensersatzanspruch des Arbeitgebers verringert sich, wenn ihn an der Entstehung des Schadens eine **Mitschuld** trifft. Die Höhe der Haftung hängt dann davon ab, inwieweit der Schaden vorwiegend vom Arbeitnehmer oder vom Arbeitgeber verursacht wurde.
- Bei **grober Fahrlässigkeit** haftet der Arbeitnehmer regelmäßig in vollem Umfang. Der Gesichtspunkt der **Angemessenheit** von Arbeitsentgelt und Risiko führt aber auch hier zu einer **Einschränkung** der Haftung, wenn der zu ersetzende Schaden eine Größenordnung übersteigt, die den Arbeitnehmer in seiner **wirtschaftlichen Existenz** gefährdet.
- Der Arbeitnehmer haftet voll bei **Vorsatz,** d.h. wenn er wissentlich seine Pflichten verletzt und dadurch den Schaden herbeigeführt hat.

Sonderfall: Mankohaftung

Auch für ein Manko (z.B. Fehlbetrag in der Kasse oder bei der Ware) haftet der Arbeitnehmer nur bei Verschulden. Diese Mankohaftung beschreibt einen Sonderfall der Arbeitnehmerhaftung. Die Haftung kann sich dabei aus den **allgemeinen haftungsrechtlichen Grundsätzen** (siehe oben) oder aus einer **speziellen Mankoabrede** ergeben. Durch eine solche Mankoabrede soll der Arbeitnehmer eine verschuldensunabhängige Haftung für das ihm anvertraute Geld oder die ihm anvertrauten Waren übernehmen. Die Rechtsprechung hält solche Mankoabreden nur unter folgenden Voraussetzungen für zulässig:

1. Die Mankoabrede muss hinsichtlich des Umfangs der Haftung klar und eindeutig gefasst werden.
2. Der Arbeitnehmer muss für das zusätzlich übernommene Haftungsrisiko einen angemessenen wirtschaftlichen Ausgleich (so genannte Fehlgeldentschädigung oder Mankogeld) erhalten. Dieser muss so bemessen sein, dass der Arbeitnehmer aus ihm notfalls ein auftretendes Manko voll abdecken kann. Dabei ist die Fehlgeldentschädigung die absolute Obergrenze der vertraglichen Mankoabrede.
3. Der Arbeitnehmer hat die alleinige Verfügungsgewalt und den alleinigen Zugang, zu den ihm anvertrauten Geld- oder Warenbeständen.

Muster

„Der Arbeitnehmer erhält ein monatliches Mankogeld in Höhe von … €. Für Waren- bzw. Geldfehlbestände haftet er in Höhe von maximal … € pro Jahr. Haftungsfälle wegen vorsätzlichen Verhaltens des Arbeitnehmers sind von der Anwendung der Mankoabrede ausgenommen."

Sobald es an einer Mankoabrede fehlt oder sie rechtsunwirksam ist, gilt – bei Vorliegen einer schuldhaften Pflichtverletzung des Arbeitnehmers – die übliche vertragliche oder deliktische Haftung des Arbeitnehmers. Der Arbeitnehmer haftet dabei entsprechend der festgestellten Haftungsquote für alle unmittelbaren und mittelbaren Schäden des Arbeitgebers.

Fehlt eine besondere Mankoabrede, hat der Arbeitgeber grundsätzlich eine Pflichtwidrigkeit des Arbeitsnehmers, einen durch den Arbeitnehmer verursachten Schaden sowie dessen Verschulden zu beweisen. Bei einer Haftung auf Grund einer Mankoabrede muss der Arbeitgeber neben den drei Wirksamkeitsvoraussetzungen für die Mankoabrede (siehe oben) darlegen, dass tatsächlich ein durch den Arbeitnehmer verursachtes Manko eingetreten ist.

■ Arbeitnehmerüberlassung

Von Arbeitnehmerüberlassung oder von einem **Leiharbeitsverhältnis** („Zeitarbeit") wird gesprochen, wenn ein selbstständiger Unternehmer einen Arbeitnehmer, mit dem er einen Arbeitsvertrag geschlossen hat, vorübergehend an einen anderen Unternehmer „ausleiht". Das Arbeitsverhältnis zwischen dem Verleiher und dem Arbeitnehmer besteht fort; jedoch arbeitet der Arbeitnehmer nach den Weisungen des Entleihers.

Rechtsbeziehungen

Wird ein Arbeitnehmer von vornherein zum Zwecke der Arbeitsleistung bei Dritten eingestellt, benötigt der Arbeitgeber eine **Erlaubnis** nach dem **Arbeitnehmerüberlassungsgesetz.** Die Erlaubnis wird auf schriftlichen Antrag von der Bundesagentur für Arbeit erteilt. In den ersten drei Jahren der aufeinanderfolgenden gewerbsmäßigen Arbeitnehmerüberlassung wird die Erlaubnis befristet auf ein Jahr erteilt.

> **Beachte:** *Wenn der Verleiher nicht die erforderliche Erlaubnis hat, ist der Arbeitnehmerüberlassungsvertrag unwirksam und gilt das Arbeitsverhältnis als zwischen Entleiher und Leiharbeitnehmer zustande gekommen.*

Werden Arbeitnehmer Dritten zur Arbeitsleistung überlassen und übernimmt der Überlassende nicht die üblichen Arbeitgeberpflichten oder das Arbeitgeberrisiko, so wird vermutet, dass der Überlassende **Arbeitsvermittlung** betreibt. Der Verleiher hat dem Leiharbeitnehmer für die Zeit der Überlassung an einen Entleiher die im Betrieb dieses Entleihers für einen vergleichbaren Arbeitnehmer des Entleihers geltenden wesentlichen Arbeitsbedingungen einschließlich des Arbeitsentgelts zu gewähren. Dies gilt nicht, wenn der Verleiher dem zuvor arbeitslosen Leiharbeitnehmer für die Überlassung an einen Entleiher für die Dauer von insgesamt höchstens sechs Wochen mindestens ein Nettoarbeitsentgelt in Höhe des Betrages zahlt, den der Leiharbeitnehmer zuletzt als Arbeitslosengeld erhalten hat. Ein Tarifvertrag kann abweichende Regelungen zulassen. Im Geltungsbereich eines solchen Tarifvertrages können nicht tarifgebundene Arbeitgeber und Arbeitnehmer die Anwendung der tariflichen Regelungen vereinbaren.

Dienst- oder Werkvertrag

Liegen folgende Kriterien vor, handelt es sich nicht um einen Arbeitnehmerüberlassungsvertrag, sondern um einen Dienst- oder Werkvertrag:

- Arbeitgeber organisiert die vorzunehmenden Arbeiten selbst
- Arbeitnehmer bleibt – trotz Tätigkeit im fremden Unternehmen – im Betrieb des Arbeitgebers eingegliedert und ist nur den Weisungen seines Arbeitgebers unterstellt.

■ Arbeitsvertrag

Der Arbeitsvertrag ist ein gegenseitiger Vertrag, durch den sich der Arbeitnehmer zur Leistung von Arbeit und der Arbeitgeber zur Zahlung einer Arbeitsvergütung verpflichtet. Jedem Arbeitsverhältnis liegt ein Arbeitsvertrag zugrunde.

Abschluss

Zwischen den Vertragsparteien besteht die Freiheit, ob und mit wem sie einen Vertrag abschließen.

Form

Der Arbeitsvertrag unterliegt in der Regel **keinen Formvorschriften,** kann also mündlich, schriftlich oder durch stillschweigende Vereinbarung wirksam abgeschlossen werden. Die Ansicht, ein Arbeitsvertrag liege nur vor, wenn er auf einem Stück Papier niedergeschrieben und von beiden Seiten unterschrieben sei, ist zwar weit verbreitet, aber falsch. Es genügt vielmehr, wenn sich Arbeitgeber und Arbeitnehmer darüber einig sind, dass der Arbeitnehmer gegen Lohnzahlung für den Arbeitgeber in dessen Betrieb eine Arbeit übernimmt.

> **Beachte:** *Besonders beim Betriebsübergang, aber auch generell fällt auf, dass immer noch in vielen Betrieben keine schriftlichen Arbeitsverträge bestehen, sondern nur mündliche Vereinbarungen getroffen werden. Aus verschiedensten Gründen ist empfehlenswert,* **Arbeitsverträge schriftlich** *zu fixieren. Zum einen werden dadurch die* **allgemeinen Rahmenbedingungen** *wie Arbeitszeit, -ort,*

Tätigkeitsbeschreibung, Entlohnung und Urlaubsansprüche zu einem Zeitpunkt festgehalten, wo diese regelmäßig noch unstrittig sind. Zum anderen liegen so auch Angaben über die persönlichen Verhältnisse des Arbeitnehmers wie die Dauer der Betriebszugehörigkeit, das Alter, Unterhaltspflichten bis hin zu einer etwaigen Schwerbehinderung ohne weitere Nachfragen jederzeit zweifelsfrei vor. So kann z.B. bei betriebsbedingten Kündigungen, aber auch bei anderen erforderlichen Veränderungen der Arbeitsbedingungen wie Versetzungen schnell gehandelt werden, ohne dass wertvolle Zeit verloren geht mit der Klärung dieser wichtigen Punkte oder gar Meinungsverschiedenheiten bis hin zu Streitigkeiten über diese allgemeinen Rahmenbedingungen entstehen müssen. Diese allgemeinen Rahmenbedingungen und die Angaben über die persönlichen Verhältnisse der Arbeitnehmer sind in regelmäßigen Abständen erneut abzufragen und ggf. zu aktualisieren.

Auch ohne schriftlichen Arbeitsvertrag ist der Arbeitgeber gesetzlich verpflichtet, dem Arbeitnehmer spätestens einen Monat nach dem vereinbarten Beginn des Arbeitsverhältnisses eine schriftliche, von ihm unterzeichnete **Niederschrift** über die wesentlichen Vertragsbedingungen auszuhändigen. Diese Verpflichtung entfällt, wenn dem Arbeitnehmer ein schriftlicher Arbeitsvertrag ausgehändigt worden ist, der die vom **Nachweisgesetz** geforderten Angaben enthält.

Beachte: *Keine Nachweispflicht besteht, wenn der Arbeitnehmer nur zur vorübergehenden Aushilfe von höchstens einem Monat eingestellt ist.*

Beachte: *Der Zweck der schriftlichen Nachweispflicht ist, für beide Seiten mehr Rechtssicherheit schaffen durch bessere Kenntnisse ihrer Rechte und Pflichten. Die mündlich vereinbarten Arbeitsbedingungen sind jedoch auch ohne Niederschrift gültig. Und bei einem Verstoß gegen die Nachweispflicht sind gesetzlich auch keine Sanktionen festgelegt.*

Mindestinhalt der Niederschrift

In den Nachweis sind **zumindest folgende Vertragsbedingungen** aufzunehmen:
- Name und Anschrift der Vertragsparteien,
- Zeitpunkt des Beginns des Arbeitsverhältnisses (also nicht des Vertragsabschlusses),
- bei befristeten Arbeitsverhältnissen: die vorhersehbare Dauer des Arbeitsverhältnisses,
- der Arbeitsort oder, falls der Arbeitnehmer nicht nur an einem bestimmten Arbeitsort tätig sein soll, ein Hinweis darauf, dass der Arbeitnehmer an verschiedenen Orten beschäftigt werden kann,
- die Bezeichnung oder allgemeine Beschreibung der vom Arbeitnehmer zu leistenden Tätigkeit (z.B. kaufmännischer Angestellter genügt),

- die Zusammensetzung und die Höhe des Arbeitsentgelts, einschließlich der Zuschläge, der Zulagen, Prämien und Sonderzahlungen sowie andere Bestandteile des Arbeitsentgelts und Fälligkeit,
- die vereinbarte Arbeitszeit: dies kann z.B. auch eine Arbeitszeit innerhalb eines längeren Ausgleichszeitraums oder eine Jahresarbeitszeit sein. Fehlt eine Arbeitszeitvereinbarung – z.B. bei leitenden Angestellten denkbar –, entfällt auch eine schriftliche Fixierung,
- die Dauer des jährlichen Erholungsurlaubs,
- die vom Arbeitnehmer und Arbeitgeber einzuhaltenden Fristen für die Kündigung des Arbeitsverhältnisses,
- ein in allgemeiner Form gehaltener Hinweis auf die Tarifverträge, Betriebs- oder Dienstvereinbarungen, die auf das Arbeitsverhältnis anzuwenden sind.

Soweit Arbeitsentgelt, Arbeitszeit, Urlaub und/oder Kündigungsfristen durch Tarifvertrag (einzelvertragliche Bezugnahme reicht aus) oder Betriebsvereinbarungen geregelt sind, genügt der allgemeine Hinweis auf die gültige Fassung der einschlägigen Regelung. Stimmen der Anspruch auf Urlaub und/oder die Kündigungsfristen mit den gesetzlichen Regelungen überein, so reicht der Hinweis auf die jeweiligen gültigen gesetzlichen Urlaubs- bzw. Kündigungsfristenregelungen.

Durch diese Verweisungsmöglichkeiten wird der künftige zusätzliche Aufwand für den Arbeitgeber in Grenzen gehalten.

Dauer

Arbeitsverträge können auf unbestimmte oder bestimmte Zeit (→ befristete Arbeitsverhältnisse) geschlossen werden.

Muster

(Bei Anwendung des Musters ist zu prüfen, welche Vertragsbestimmungen übernommen werden sollen. Gegebenenfalls sind Anpassungen und Ergänzungen zu empfehlen.)

Arbeitsvertrag für Arbeiter und Angestellte ohne Tarifbindung

Zwischen .... (Arbeitgeber)

und Herrn/Frau .... (Arbeitnehmer/-in)

wird folgender Arbeitsvertrag geschlossen:

§1 Beginn des Arbeitsverhältnisses

Das Arbeitsverhältnis beginnt am ....

§2 Probezeit

Das Arbeitsverhältnis wird auf unbestimmte Zeit geschlossen. Die ersten sechs Monate (oder: drei Monate) gelten als Probezeit. Während der Probezeit kann das Arbeitsverhältnis beiderseits mit einer Frist von zwei Wochen gekündigt werden.

oder

Das Arbeitsverhältnis ist zunächst auf sechs Monate (*oder* drei Monate) befristet. Diese Zeit gilt als Probezeit. Nach Ablauf dieser Befristung endet das Arbeitsverhältnis, ohne dass es einer Kündigung bedarf, wenn nicht bis zu diesem Zeitpunkt eine Fortsetzung des Arbeitsverhältnisses vereinbart wird. Innerhalb der Probezeit kann das Arbeitsverhältnis mit einer Frist von zwei Wochen gekündigt werden, unbeschadet des Rechts zur fristlosen Kündigung (befristetes Probearbeitsverhältnis).

§3 Tätigkeit

Der Arbeitnehmer wird als .... eingestellt und vor allem mit folgenden Arbeiten beschäftigt:

....
....
....

Näheres ist geregelt in der Stellenbeschreibung, vgl. Anlage. *(Bei der Angabe der Tätigkeiten empfiehlt sich keine zu starke Einengung, da bei einer Änderung der Arbeitnehmer ansonsten zustimmen muss oder eine sozial gerechtfertigte Änderungskündigung auszusprechen ist.)*

Er verpflichtet sich, auch andere Arbeiten auszuführen – auch an einem anderen Ort –, die seinen Vorkenntnissen und Fähigkeiten entsprechen. Dies gilt, soweit dies bei Abwägung der Interessen des Arbeitgebers und des Arbeitnehmers zumutbar und nicht mit einer Lohnminderung verbunden ist.

§4 Arbeitsvergütung

Der Arbeitnehmer erhält eine monatliche Bruttovergütung von .... €/ einen Stundenlohn von .... €.

Soweit eine zusätzliche Zahlung vom Arbeitgeber gewährt wird, handelt es sich um eine freiwillige Leistung. Auch die wiederholte vorbehaltslose Zahlung begründet keinen Rechtsanspruch auf Leistungsgewährung für die Zukunft. Ein Anspruch auf Zuwendungen besteht nicht für Zeiten, in denen das Arbeitsverhältnis ruht und kein Anspruch auf Arbeitsentgelt besteht. Dies gilt insbesondere für Elternzeit, Wehr- und Zivildienst und unbezahlte Freistellung. Voraussetzung für die Gewährung einer Gratifikation ist stets, dass das Arbeitsverhältnis am Auszahlungstag weder beendet noch gekündigt ist.

§5 Arbeitszeit

Die regelmäßige wöchentliche Arbeitszeit beträgt .... Stunden. Beginn und Ende der täglichen Arbeitszeit richten sich nach der betrieblichen Einteilung.

§6 Urlaub

Der Arbeitnehmer hat Anspruch auf einen gesetzlichen Mindesturlaub von derzeit 20 Arbeitstagen im Kalenderjahr – ausgehend von einer Fünf-Tage-Woche. Der Arbeitgeber gewährt zusätzlich einen vertraglichen Urlaub von weiteren ... . Arbeitstagen. Bei der Gewährung von Urlaub wird zuerst der gesetzliche Urlaub eingebracht.

Der Zusatzurlaub mindert sich für jeden vollen Monat, in dem der Arbeitnehmer keinen Anspruch auf Entgelt bzw. Entgeltfortzahlung hat oder bei Ruhen des Arbeitsverhältnisses um ein Zwölftel. Für den vertraglichen Urlaub gilt abweichend von dem gesetzlichen Mindesturlaub, dass der Urlaubsanspruch mit Ablauf des Übertragungszeitraums am 31.3. des Folgejahres auch dann verfällt, wenn er wegen Arbeitsunfähigkeit des Arbeitnehmers nicht genommen werden kann.

Der gesetzliche Urlaub verfällt in diesem Fall erst 15 Monate nach Ende des Urlaubsjahres.

Bei Ausscheiden in der zweiten Jahreshälfte wird der Urlaubsanspruch gezwölftelt, wobei die Kürzung allerdings nur insoweit erfolgt, als dadurch nicht der gesetzlich vorgeschriebene Mindesturlaub unterschritten wird.

Bei Beendigung des Arbeitsverhältnisses sind verbleibende Urlaubsansprüche innerhalb der Kündigungsfrist abzubauen, soweit dies möglich ist.

Die rechtliche Behandlung des Urlaubs richtet sich im Übrigen nach den gesetzlichen Bestimmungen.

§7 Krankheit

Ist der Arbeitnehmer infolge unverschuldeter Krankheit arbeitsunfähig, so besteht Anspruch auf Fortzahlung der Arbeitsvergütung bis zur Dauer von sechs Wochen nach den gesetzlichen Bestimmungen. Die Arbeitsverhinderung ist dem Arbeitgeber unverzüglich mitzuteilen. Dauert die Arbeitsunfähigkeit länger als drei Kalendertage, hat der Arbeitnehmer eine ärztliche Bescheinigung über das Bestehen sowie deren voraussichtliche Dauer spätestens an dem auf den dritten Kalendertag folgenden Arbeitstag vorzulegen. Diese Nachweispflicht gilt auch nach Ablauf der sechs Wochen. Der Arbeitgeber ist berechtigt, die Vorlage der Arbeitsunfähigkeitsbescheinigung früher zu verlangen.

§8 Verschwiegenheitspflicht

Der Arbeitnehmer verpflichtet sich, während der Dauer des Arbeitsverhältnisses und auch nach Ausscheiden, über alle Betriebs- und Geschäftsgeheimnisse Stillschweigen zu bewahren.

Für jeden Fall der Zuwiderhandlung gegen diese Verpflichtung verpflichtet er sich eine Vertragsstrafe in Höhe einer Bruttomonatsvergütung zu zahlen. Die Geltendmachung eines weiteren Schadens bleibt dem Arbeitgeber vorbehalten.

§9 Nebentätigkeit

Jede entgeltliche oder das Arbeitsverhältnis beeinträchtigende Nebenbeschäftigung ist nur mit Zustimmung des Arbeitgebers zulässig.

§10 Vertragsstrafe

Der Arbeitnehmer verpflichtet sich für den Fall, dass er das Arbeitsverhältnis nicht vertragsgemäss antritt oder das Arbeitsverhältnis vertragswidrig be-

endet, dem Arbeitgeber eine Vertragsstrafe in Höhe einer halben Bruttomonatsvergütung für einen Vertragsbruch bis zum Ende der Probezeit und einer Bruttomonatsvergütung nach dem Ende der Probezeit zu zahlen. Das Recht des Arbeitgebers, weitergehende Schadensersatzansprüche geltend zu machen, bleibt unberührt.

§11 Kündigung

Nach Ablauf der Probezeit beträgt die Kündigungsfrist vier Wochen zum 15. oder Ende eines Kalendermonats. Jede gesetzliche Verlängerung der Kündigungsfrist zugunsten des Arbeitnehmers gilt in gleicher Weise auch zugunsten des Arbeitgebers. Die Kündigung bedarf der Schriftform. Vor Antritt des Arbeitsverhältnisses ist die Kündigung ausgeschlossen.

Der Arbeitgeber ist berechtigt, den Arbeitnehmer bis zur Beendigung des Arbeitsverhältnisses freizustellen. Die Freistellung erfolgt unter Anrechnung der dem Arbeitnehmer eventuell noch zustehenden Urlaubsansprüche sowie eventueller Guthaben auf dem Arbeitszeitkonto. In der Zeit der Freistellung hat sich der Arbeitnehmer einen durch Verwendung seiner Arbeitskraft erzielten Verdienst auf den Vergütungsanspruch gegenüber dem Arbeitgeber anrechnen zu lassen.

Das Arbeitsverhältnis endet spätestens mit Ablauf des Monats, in dem der Arbeitnehmer das für ihn gesetzlich festgelegte Renteneintrittsalter vollendet hat.

§12 Verfall-/Ausschlussfristen

Die Vertragschliessenden müssen Ansprüche aus dem Arbeitsverhältnis innerhalb von drei Monaten (*oder:* sechs Monaten) nach ihrer Fälligkeit schriftlich geltend machen und im Falle der Ablehnung durch die Gegenseite innerhalb von weiteren drei Monaten einklagen.

Andernfalls erlöschen sie. Für Ansprüche aus unerlaubter Handlung verbleibt es bei der gesetzlichen Regelung.

§13 Zusätzliche Vereinbarungen

....

....

....

....

§14 Vertragsänderungen und Nebenabreden

Aus dem reinen einseitigen Verhalten des Arbeitgebers erwachsen dem Arbeitnehmer keine vertraglichen Rechtsansprüche, sofern nicht eine mündliche oder schriftliche einvernehmliche Vertragsänderung vorliegt (Ausschluss der betrieblichen Übung).

Sollten einzelne Bestimmungen dieses Vertrages unwirksam sein oder werden, wird hierdurch die Wirksamkeit des Vertrages im Übrigen nicht berührt.

Der Arbeitnehmer verpflichtet sich, dem Arbeitgeber unverzüglich über Veränderungen der persönlichen Verhältnisse wie Familienstand, Kinderzahl und Adresse Mitteilung zu machen.

....
Ort, Datum

....
Unterschrift Arbeitgeber   Unterschrift Arbeitnehmer/-in

Anlagen:
Ggf. Stellenbeschreibung bzw. Tätigkeits- und Arbeitsplatzbeschreibung

■ Arbeitszeit

Arbeitszeit ist die Zeitspanne, während der der Arbeitnehmer – auch wenn er nicht arbeitet – seine Arbeitskraft dem Arbeitgeber zur Verfügung stellen muss. Es ist die Zeit vom Beginn bis zum Ende der Arbeit ohne Ruhepausen.

Gesetzliche Regelung

Die allgemeine Regelung der Arbeitszeit und der Ruhepausen ist im **Arbeitszeitgesetz** geregelt. Diese Vorschriften sind zwingendes Recht, d.h. eine andere – für den Arbeitnehmer nachteilige – einzelvertragliche Regelung kann nicht vereinbart werden.

Im Wesentlichen gilt Folgendes:
- Die regelmäßige (werk-)tägliche Arbeitszeit beträgt 8 Stunden, d.h. eine Gesamtwochenstundenzahl von 48 Stunden. Eine Verlängerung auf 10 Stunden ist möglich. Jedoch muss innerhalb der nächsten sechs Monate die Arbeitszeit so reduziert werden, dass sie durchschnittlich 8 Stunden beträgt.
- Nach einem Arbeitstag sind 11 Stunden Freizeit Pflicht.
- Ruhepausen:
  bei 6 – 9 Stunden Arbeitszeit mindestens 30 Minuten
  bei über 9 Stunden Arbeitzeit mindestens 45 Minuten
- Männer und Frauen werden hinsichtlich Nachtarbeit gleichbehandelt.
- Sonn- und Feiertagsarbeit
  Von dem Verbot der Sonn- und Feiertagsarbeit gibt es eine Reihe von Ausnahmen für Bereiche, in denen für Arbeiten an Sonn- und Feiertagen ein besonderes Bedürfnis besteht (z.B. Gaststätten, Verkehrsbetriebe).

Der Antrag auf Erlaubnis für Sonn- und Feiertagsarbeit ist bei der örtlich zuständigen Aufsichtsbehörde zu stellen.

Das Arbeitszeitgesetz erfasst nur Arbeitnehmer, die über 18 Jahre alt sind. Für Kinder und Jugendliche sind die Arbeitszeitregelungen im Jugendarbeitsschutzgesetz enthalten.

Keine Arbeitnehmer nach dem Arbeitszeitgesetz sind u.a. die sogenannten freien Mitarbeiter, Heimarbeiter, pharmazeutisch vorgebildete Arbeitnehmer in Apotheken, Generalbevollmächtigte, im Handelsregister eingetragene Vertreter eines Unternehmens und Angestellte in leitender Stellung.

■ Aufhebungsvertrag

Der Aufhebungsvertrag ist die **einverständliche Vereinbarung** zwischen Arbeitgeber und Arbeitnehmer, das Arbeitsverhältnis zu einem bestimmten Zeitpunkt zu beenden.

Vorteile für den Arbeitgeber
- ein Kündigungsgrund muss nicht angegeben werden
- gesetzliche, tarifliche oder einzelvertragliche Kündigungsfristen brauchen nicht eingehalten zu werden

- allgemeiner und besonderer Kündigungsschutz wie Mutterschutz, Schwerbehinderung greift nicht
- kein Kündigungsprozess möglich
- Betriebsrat braucht nicht angehört zu werden

Vorteile für den Arbeitnehmer
- Abkürzung der Kündigungsfristen, so dass er seine Arbeitstätigkeit bei einem anderen Arbeitgeber sofort aufnehmen kann
- es kommt nicht zu einer verhaltensbedingten oder außerordentlichen Kündigung

Form

Der Aufhebungsvertrag muss **schriftlich** abgeschlossen werden. Mündlich geschlossene Aufhebungsverträge verstoßen gegen dieses Schriftformerfordernis und lassen das Arbeitsverhältnis fortbestehen. Formunwirksam kann der Aufhebungsvertrag auch dadurch werden, dass wesentliche Nebenabreden nicht aufgenommen werden.

Inhalt

Zentraler Bestandteil des Aufhebungsvertrages kann die **Abfindung** sein. Gesetzliche Vorschriften über die Zahlung einer Abfindung und deren Höhe bestehen nur in sehr begrenztem Umfang (→ Abfindung).

Hinweispflicht des Arbeitgebers

Für den Arbeitgeber können sich bei Beendigung des Arbeitsverhältnisses infolge des Aufhebungsvertrages besondere **Aufklärungs- und Belehrungspflichten** hinsichtlich der sozialversicherungsrechtlichen Folgen ergeben.

So kann etwa die Bundesagentur für Arbeit beim **Arbeitslosengeld** eine **Sperrfrist** verhängen. Die Arbeitsaufgabe bzw. Lösung des Beschäftigungsverhältnisses bewirkt das Eintreten einer Sperrzeit, wenn die Herbeiführung der Arbeitslosigkeit auf der einvernehmlichen Auflösung des Beschäftigungsverhältnisses **(Aufhebungsvertrag)**, einer **Kündigung des Arbeitnehmers** oder der Kündigung durch den Arbeitgeber wegen vertragswidrigen Verhaltens des Arbeitnehmers **(verhaltensbedingte Kündigung)** beruht. Voraussetzung für die Verhängung der Sperrzeit ist zudem, dass der Arbeitnehmer das Herbeiführen der Arbeitslosigkeit wegen Vorsatz oder grober Fahrlässigkeit **zu vertreten** hat und er für die Auflösung des Arbeitsverhältnisses **keinen wichtigen Grund** hat.

Die Sperrzeit beträgt regelmäßig **12 Wochen** und führt zudem zu einer Verkürzung der Bezugsdauer um e**in Viertel.**

> **Beachte:** *Um die Verhängung einer Sperrzeit zu vermeiden kommt als Alternative zunächst eine betriebsbedingte Kündigung unter Einhaltung der Kündigungsfrist in Betracht. Anschließend wird das gekündigte Arbeitsverhältnis einvernehmlich „abgewickelt"* (sog. Abwicklungsvertrag; *der Inhalt entspricht weitestgehend dem eines Aufhebungsvertrages).*

Etwaige **Abfindungszahlungen** können auf das Arbeitslosengeld angerechnet werden.

> **Beachte:** *Da* arbeitsrechtliche Vereinbarungen *zunehmend* sozialversicherungsrechtliche Auswirkungen *haben, ist vor Abschluss eines Aufhebungsvertrages zu empfehlen, frühzeitig anwaltlichen Rat einzuholen.*

Meist wird man davon ausgehen können, dass der Arbeitnehmer die Bedeutung des Aufhebungsvertrages kennt. Der Arbeitgeber ist in der Regel jedenfalls nicht gehalten, von sich aus auf nachteilige Folgen hinzuweisen, es erscheint aber zweckmäßig, dies zu tun.

Auf nachteilige Folgen muss der Arbeitgeber in folgenden Einzelfällen hinweisen:
- wenn durch die vorzeitige Beendigung das Entstehen einer unverfallbaren Versorgungsanwartschaft verhindert wird (z.B. Betriebliche Altersversorgung),
- wenn der Arbeitnehmer aufgrund besonderer Umstände darauf vertrauen darf,
- wenn der Arbeitgeber erkennt, dass der Arbeitnehmer über Folgen und Tragweite seiner Handlung ersichtlich im Unklaren ist.

Meldepflicht des Arbeitnehmers/Aufklärungspflichten des Arbeitgebers

Der **Arbeitnehmer** ist verpflichtet, sich frühzeitig bei der Agentur für Arbeit arbeitsuchend zu melden. Die **Meldung** hat unverzüglich nach Kenntnis von der Beendigung des Arbeitsverhältnisses zu erfolgen, spätestens jedoch drei Monate vor dem vorgesehenen Beendigungszeitpunkt. Liegen zwischen dem Zeitpunkt der Kenntnis des Beendigungszeitpunkts und der Beendigung weniger als drei Monate, hat die Arbeitslosmeldung innerhalb von drei Tagen zu erfolgen. Ein Verstoß gegen die Meldepflicht kann die Verhängung einer einwöchigen Sperrzeit beim Arbeitslosengeld zur Folge haben.

Der **Arbeitgeber** hat den Arbeitnehmer frühzeitig über diese Meldepflicht und die Notwendigkeit eigener Aktivitäten bei der Suche nach einer anderen Beschäftigung zu **informieren**.

Erstattung von Arbeitslosengeld

Bei Abschluss eines Aufhebungsvertrags ebenso wie bei einer sonstigen Beendigung des Arbeitsverhältnisses muss sich der Arbeitgeber in Betrieben mit regelmäßig mehr als 20 Mitarbeitern über mögliche **Erstattungspflichten** gegenüber der Agentur für Arbeit nach § 147 a SGB III für das von älteren Arbeitnehmern bezogene Arbeitslosengeld kundig machen. Seit dem 01.02.2006 ist jedoch zu berücksichtigen, dass die Erstattungspflicht des Arbeitgebers vollständig entfällt, sobald beim betroffenen Arbeitnehmer der verkürzte Arbeitslosengeldanspruch eingreift. Diese Verkürzung hat zur Folge, dass ältere Arbeitnehmer nicht mehr 32, sondern nur noch maximal 24 Monate Arbeitslosengeld beanspruchen können.

Muster (Siehe folgende Seite)

(Bei Anwendung des Musters ist zu prüfen, welche Vertragsbedingungen übernommen werden sollen. Gegebenenfalls sind Anpassungen und Ergänzungen zu empfehlen.)

Aufhebungsvertrag

Zwischen ……………………………… (Arbeitgeber)
und Herrn/Frau ……………………………… (Arbeitnehmer/-in)
wird folgender Aufhebungsvertrag geschlossen:

§1 Beendigung des Arbeitsverhältnisses

Das zwischen dem Arbeitgeber und dem Arbeitnehmer bestehende Arbeitsverhältnis wird zum …………. im gegenseitigen Einvernehmen beendet. Bei dieser Frist wurde die vereinbarte Kündigungsfrist eingehalten.

§2 Arbeitsfreistellung

Der Arbeitnehmer erhält das regelmäßige monatliche Entgelt in Höhe von ……. €
bis zum ……. weitergezahlt.

Der Arbeitnehmer wird bis zum Vertragsende unter Fortzahlung der vertraglich vereinbarten Vergütung unwiderruflich von seinen vertraglichen Verpflichtungen freigestellt. Die Freistellung erfolgt zunächst unter Anrechnung der noch zustehenden Resturlaubsansprüche sowie sonstiger eventueller Freistellungsansprüche. Im Anschluss an diese Anrechnungszeiträume ist anderweitiger Verdienst nach § 615 S. 2 BGB anzurechnen. Der Arbeitnehmer ist verpflichtet, anderweitig erzielten Verdienst dem Arbeitgeber unaufgefordert mitzuteilen.

§3 Urlaub

Der dem Arbeitnehmer bis zu Beendigung des Arbeitsverhältnisses zustehende Resturlaub wird während der Arbeitsfreistellung gewährt.

§4 Abfindung

Der Arbeitgeber verpflichtet sich, an den Arbeitnehmer eine Abfindung in Höhe von ……. brutto zu zahlen.

Die Abfindung ist mit der Beendigung des Arbeitsverhältnisses fällig.

§5 Wettbewerbsvereinbarung

Von diesem Vertrag bleibt die Wettbewerbsvereinbarung zwischen der Firma und dem Arbeitnehmer vom ……. unberührt.

§6 Zeugnis, Arbeitspapiere

Der Arbeitgeber verpflichtet sich, dem Arbeitnehmer ein wohlwollendes, qualifiziertes Zeugnis zu erteilen. Er händigt dem Arbeitnehmer zum Beendigungstermin die Arbeitspapiere aus.

§7 Sonstige Vereinbarung

....

....

§8 Meldepflicht

Zur Aufrechterhaltung ungekürzter Ansprüche auf Arbeitslosengeld ist der Arbeitnehmer verpflichtet, sich unverzüglich nach Abschluss dieses Aufhebungsvertrages persönlich bei der Agentur für Arbeit arbeitssuchend zu melden. Weiterhin ist er verpflichtet, aktiv nach einer Beschäftigung zu suchen.

§9 Ausgleich aller Ansprüche

Die Firma und der Arbeitnehmer sind sich darüber einig, dass mit der Erfüllung dieses Vertrages keine Ansprüche aus dem Arbeitsverhältnis gegen die andere Partei mehr bestehen.

Davon unberührt bleiben

....

....

....
Ort, Datum

....
Unterschrift Arbeitgeber   Unterschrift Arbeitnehmer/-in

■ Aushilfsarbeitsverhältnis

Das Aushilfsarbeitsverhältnis ist ein Arbeitsverhältnis, das eingegangen wird, um einen **vorübergehenden Bedarf** an Arbeitskräften zu decken.

Besteht ein solches Arbeitsverhältnis nicht länger als drei Monate, kann eine kürzere als die gesetzliche Kündigungsfrist von vier Wochen zum 15. oder zum Kalendermonatsende einzelvertraglich vereinbart werden. Auch eine unbeschränkte Abkürzung bis zur sofortigen ordentlichen Kündigung ist in diesem Fall möglich.

Ein Aushilfsarbeitsverhältnis kann zeitbezogen (→ befristetes Arbeitsverhältnis) und zweckbezogen abgeschlossen werden.
- Die Befristung ist möglich zu einem fest bestimmten Zeitpunkt oder für einen vorab festgelegten Zeitraum.
- Es bedarf eines bestimmten Zweckes (z.B. Schlussverkauf, Erkrankung eines Mitarbeiters), der sich sowohl auf den Aushilfsgrund als auch auf die Dauer beziehen muss. Es endet dann – ohne Kündigung – mit dem Ablauf der Zeit oder mit Erreichen des vereinbarten Zwecks.

Der Zeitpunkt der Zweckerreichung muss bei Vertragsabschluss für den Arbeitnehmer entweder voraussehbar sein oder vom Arbeitgeber rechtzeitig angekündigt werden. Das Ende des Zwecks muss kalendermäßig bestimmbar sein (→ befristetes Arbeitsverhältnis).

Bei Vorliegen eines echten Bedürfnisses können mehrfach hintereinander Aushilfsarbeitsverhältnisse abgeschlossen werden. Dies gilt nicht, wenn es sich um einen Dauerbedarf handelt (Kettenarbeitsvertrag). Namentlich zur Überbrückung eines ständig anfallenden Aushilfsbedarfs müssen Dauerarbeitsverhältnisse (Teilzeitbeschäftigung) abgeschlossen werden. Bei einem Aushilfsarbeitsverhältnis über einen längeren Zeitraum als einen Monat hat der Arbeitnehmer einen Anspruch auf Urlaub, Feiertagsbezahlung und Lohn- bzw. Gehaltsfortzahlung.

Arbeitnehmer, die in geringem Umfang und gegen geringen Arbeitslohn beschäftigt werden, sind nur beschränkt sozialversicherungspflichtig (→ geringfügige Beschäftigung). Der Arbeitgeber ist dennoch verpflichtet, alle geringfügig Beschäftigten der Krankenkasse zu melden.

Achtung: *In einigen Tarifverträgen existiert eine Klausel, dass Aushilfsarbeitsverhältnisse nach dreimonatiger ununterbrochener Tätigkeit in ein festes Anstellungsverhältnis übergehen.*

Muster

(Bei Anwendung des Musters ist zu prüfen, welche Vertragsbedingungen übernommen werden sollen. Gegebenenfalls sind Anpassungen und Ergänzungen zu empfehlen.)

Arbeitsvertrag für Aushilfen

Zwischen .... (Arbeitgeber)

und Herrn/Frau .... (Arbeitnehmer/-in)

wird folgender Arbeitsvertrag geschlossen.

§1 Beginn und Ende des Arbeitsverhältnisses

Der Arbeitnehmer wird vorübergehend zur Aushilfe als ....

in .... eingestellt.

Das Arbeitsverhältnis beginnt am .... und endet am ...., sofern es nicht ausdrücklich verlängert wird.

Es wird eine beiderseitige tägliche Kündigung vereinbart.

§§2 ff. siehe Muster „Befristeter Arbeitsvertrag"

■ Ausländerbeschäftigung

Ausländer ist nach dem Ausländergesetz jeder, der nicht Deutscher i.S.d. Art. 116 GG ist. Für Ausländer, die nicht Bürger der EU sind (**Nicht-EU-Ausländer**), enthält das Aufenthaltsgesetz die maßgebenden Regelungen über den Aufenthalt und die Beschäftigung in Deutschland. Unmittelbar aus dem **Aufenthaltstitel** ergibt sich dabei grundsätzlich, ob und in welchem Umfang ausländische Arbeitnehmer vom Arbeitgeber im Inland beschäftigt werden dürfen. Der Aufenthaltstitel wird von der Ausländerbehörde – ggf. unter Beteiligung der Bundesagentur für Arbeit – ausgestellt.

EU-Bürger bedürfen für die Einreise keines Visums und für den Aufenthalt keines Aufenthaltstitels. Auch bedürfen Staatsangehörige der meisten der am 01.05.2004 beigetretenen Mitgliedsstaaten der EU (**Neue Beitrittsländer**) keine **Arbeitsgenehmigung** mehr.

Grundsätzlich muss der Arbeitnehmer die Arbeitserlaubnis beantragen, jedoch kann dies auch der Arbeitgeber übernehmen. Die Erlaubnis erteilt die jeweils zuständige Agentur für Arbeit.

Fehlende Beschäftigungserlaubnis

Wird ein Arbeitsvertrag ohne gültige Beschäftigungserlaubnis geschlossen, oder läuft eine zeitlich befristete Beschäftigungserlaubnis während des Arbeitsverhältnisses ab, bleibt der Arbeitsvertrag bestehen. Jedoch ist der Arbeitnehmer aufgrund des **gesetzlichen Beschäftigungsverbots** an der tatsächlichen Ausführung gehindert. Es bedarf zur Beendigung des Arbeitsverhältnisses einer Kündigung oder eines Aufhebungsvertrages. Für den Arbeitgeber ist die fehlende Beschäftigungserlaubnis ein **Kündigungsgrund** (ordentliche personenbedingte Kündigung), wenn er den Arbeitsplatz neu besetzen muss.

Beschäftigt der Arbeitgeber Arbeitnehmer ohne Beschäftigungserlaubnis, macht er sich bußgeldpflichtig.

B

■ Befristetes Arbeitsverhältnis

Arbeitsverträge können für eine bestimmte Zeit geschlossen werden. Während das Arbeitsverhältnis auf unbestimmte Zeit durch Kündigung oder Aufhebungsvertrag beendet werden muss, **endet** das **Arbeitsverhältnis auf Zeit** automatisch **mit Ablauf der Zeit,** für die es eingegangen ist. Dies bedeutet, dass am Ende des Arbeitsverhältnisses kein Kündigungsschutz besteht. Das Arbeitsverhältnis wird also auch dann beendet, wenn die Arbeitnehmerin zu diesem Zeitpunkt den gesetzlichen Mutterschutz beanspruchen könnte. Dasselbe gilt für einen Arbeitnehmer, der seinen Wehrdienst leistet oder für Schwerbehinderte.

Arten der Befristung

Eine Befristung kann sowohl **zeitbezogen**

Beispiele
- eine Woche,
- ein Jahr,
- bis zum 31.12.2015.

als auch **zweckbezogen** erfolgen

Beispiele
- Vertretung eines erkrankten Mitarbeiters,
- Urlaubsvertretung,
- während des Erziehungsurlaubes eines anderen Arbeitnehmers.

Der **zweckbefristete Arbeitsvertrag** endet grundsätzlich mit dem Zeitpunkt des Eintritts des vertraglich vereinbarten Zwecks (z.B. der vertretene kranke Mitarbeiter kehrt gesundet zurück). Dies gilt allerdings nur unter der Voraussetzung, dass der Arbeitgeber dem Arbeitnehmer diesen Zeitpunkt **mindestens zwei Wochen** vor Zweckeintritt **schriftlich** mitgeteilt hat. Diese **Auslauffrist** beginnt mit Zugang der schriftlichen Unterrichtung des Arbeitnehmers. Vertraglich können längere, aber keine kürzeren Fristen vereinbart werden.

Form

Arbeitsrechtliche Befristungen sind nur noch **schriftlich** zulässig. Die Nichteinhaltung der Schriftform bzw. eine erst nach Vertragsbeginn erfolgende schriftliche Vereinbarung macht die Befristung unwirksam, so dass das Arbeitsverhältnis unbefristet fortbesteht. Im Übrigen → Arbeitsvertrag.

Voraussetzungen der Befristung

1. Der Abschluss befristeter Arbeitsverhältnisse ist nach dem **Teilzeit- und Befristungsgesetz (TzBfG)** nur in folgenden **vier Fällen** zulässig:
a) grundsätzlich wenn bei Abschluss des Arbeitsvertrages ein **sachlicher Grund** für die Befristung vorliegt. Als sachliche Gründe gelten **insbesondere**:
   1. der betriebliche Bedarf an der Arbeitsleistung nur vorübergehend besteht,
   2. die Befristung im Anschluss an eine Ausbildung oder ein Studium erfolgt, um den Übergang des Arbeitnehmers in eine Anschlussbeschäftigung zu erleichtern,
   3. der Arbeitnehmer zur Vertretung eines anderen Arbeitnehmers beschäftigt wird,
   4. die Eigenart der Arbeitsleistung die Befristung rechtfertigt,
   5. die Befristung zur Erprobung erfolgt,
   6. in der Person des Arbeitnehmers liegende Gründe die Befristung rechtfertigen,
   7. der Arbeitnehmer aus Haushaltsmitteln vergütet wird, die haushaltsrechtlich für eine befristete Beschäftigung bestimmt sind, und er entsprechend beschäftigt wird oder
   8. die Befristung auf einem gerichtlichen Vergleich beruht.

Ohne sachlichen Grund

b) **bei erstmaliger Einstellung eines Arbeitnehmers** bis zu einer Gesamtdauer von **zwei Jahren**. Der Arbeitsvertrag darf dabei innerhalb dieses Zeitraumes **bis zu dreimal verlängert werden**. Eine solche Befristung ist nach Ansicht des Bundesarbeitsgerichts auch dann möglich, wenn ein mit dem Arbeitgeber bereits zuvor ein bestandenes Arbeitsverhältnis mindestens drei Jahre unterbrochen war. Die Anzahl der Verlängerungen sowie die Höchstdauer der Befristung können in Tarifverträgen abweichend festgelegt werden.
c) Das geänderte TzBfG erlaubt seit dem 01.05.2007 **bei älteren Arbeitnehmern** wieder eine bis zu **fünfjährigen Befristung** ohne Sachgrund. Eine solche Befristung ist zulässig, wenn der Arbeitnehmer bereits das **52. Lebensjahr vollendet** hat und er unmittelbar vor Beginn des befristeten Arbeitsverhältnisses insgesamt mindestens **vier**

Monate beschäftigungslos war. Beschäftigungslosigkeit ist nicht mit Arbeitslosigkeit gleichzusetzen. Beschäftigungslos im Sinne der neuen gesetzlichen Regelung sind Personen, die nach § 119 Abs. 1 Nr. 1 SGB III nicht in einem Beschäftigungsverhältnis stehen. Unschädlich sind dabei die Ausübung einer Beschäftigung oder selbständigen Tätigkeit, wenn die Arbeits- oder Tätigkeitszeit weniger als 15 Stunden wöchentlich umfasst. Beschäftigungslosigkeit entsteht auch schon während einer unwiderruflichen Freistellung vor Ablauf der Kündigungsfrist. Eine Gleichstellung mit Zeiten der Beschäftigungslosigkeit erfolgt auch für Zeiten, in denen der Arbeitnehmer Transferkurzarbeitergeld bezogen oder an einer öffentlich geförderten Beschäftigungsmaßnahme (ABM oder Arbeitsgelegenheiten – so genannte „Ein-Euro-Jobs") teilgenommen hat. Für die Berechnung der viermonatigen Beschäftigungslosigkeit sind **kurzzeitige Unterbrechungen** unschädlich (z.B. durch kurzzeitige Aushilfs- und Vertretungsarbeiten, wenn diese insgesamt vier Wochen nicht überschreiten). Der Arbeitgeber hat ein **Fragerecht** in Bezug auf die Tätigkeiten der letzten vier Monate. Der Arbeitnehmer muss die Frage wahrheitsgemäß beantworten. Der befristete Arbeitsvertrag kann bis zur Dauer von fünf Jahren abgeschlossen werden, wobei ein zunächst kürzer befristeter Arbeitsvertrag **auch mehrfach verlängert werden kann bis zur Gesamtdauer der fünf Jahre.**

d) **In den ersten vier Jahren** des Bestehens eines neu gegründeten Unternehmens – nicht jedoch bei Neugründung im Zusammenhang der rechtlichen Umstrukturierung von Unternehmen und Konzernen – ist seit dem 01.01.2004 der Abschluss von **befristeten Arbeitsverträgen ohne Sachgrund bis zur Dauer von vier Jahren** zulässig. Als Gründungszeitpunkt gilt die Aufnahme einer Erwerbstätigkeit.
Die Anzahl der Vertragsverlängerungen ist nicht begrenzt. Sie müssen aber lückenlos aneinander anschließen. Ein befristeter Vertrag bis zur Dauer von vier Jahren kann auch in bereits bestehenden Unternehmen abgeschlossen werden, wenn die Unternehmensgründung bei Vertragsbeginn nicht länger als vier Jahre zurückliegt. Eine bis zu vierjährige Befristung ist auch noch kurz vor Ablauf der vierjährigen Gründungsphase möglich. Der bloße Vertragsabschluss genügt aber nicht, es kommt auf den **Zeitpunkt der vereinbarten Arbeitsaufnahme** an.

Beachte: *Wie sachgrundlose Befristungen nach bisherigem Recht sind auch Existenzgründerbefristungen nicht zulässig, wenn der Arbeitnehmer zuvor schon bei demselben Arbeitgeber beschäftigt war, also insbesondere dann, wenn ein Arbeitnehmer, der zu Beginn der Gründungsphase eingestellt wurde und zwischenzeitlich ausgeschieden ist, innerhalb der vierjährigen Gründungsphase erneut ohne Sachgrund eingestellt werden soll.*

2. Ein sachlicher Grund, der die Befristung eines Arbeitsverhältnisses rechtfertigt, liegt auch vor, wenn ein Arbeitnehmer zur Vertretung eines anderen Arbeitnehmers für die Dauer eines Beschäftigungsverbots während des → **Mutterschutzes** oder einer → **Elternzeit (bis zu drei Jahren!)** eingestellt wird. Dabei ist die Befristung auch für notwendige Zeiten einer Einarbeitung zulässig.

3. Es kann auch die automatische Beendigung des Arbeitsverhältnisses mit Eintritt des Regelrentenalters vereinbart werden.

Muster

„Das Arbeitsverhältnis endet spätestens mit Ablauf des Monats, in dem der Arbeitnehmer das für ihn gesetzlich festgelegte Renteneintrittsalter vollendet hat."

Achtung: *Beim Abschluss eines befristeten Arbeitsvertrages ist zu bedenken, dass der Vertrag während der festgelegten Dauer nur* **ordentlich gekündigt** *werden kann, wenn dies ausdrücklich vereinbart wurde. Das Recht einer* **außerordentlichen** *Kündigung aus wichtigem Grund bleibt jedoch auch ohne ausdrückliche Vereinbarung bestehen.*

Der mehrfache Abschluss kurzzeitig befristeter Arbeitsverträge unter Nichtbeachtung der o.g. Voraussetzungen kann zur Anwendung des Kündigungsschutzes und zum Erfordernis eines sachlichen Grundes führen.

Wird das Arbeitsverhältnis nach Ablauf der Zeit, für die es eingegangen ist, oder nach Zweckerreichung mit Wissen des Arbeitgebers fortgesetzt, so gilt es als **auf unbestimmte Zeit verlängert.** *Dies kann der Arbeitgeber verhindern, indem er unverzüglich widerspricht oder dem Arbeitnehmer die Zweckerreichung unverzüglich mitteilt.*

Meldepflicht des Arbeitnehmers/Aufklärungspflichten des Arbeitgebers

Der **Arbeitnehmer** ist verpflichtet, sich frühzeitig bei der Agentur für Arbeit arbeitssuchend zu melden. Die **Meldung** hat unverzüglich nach Kenntnis von der Beendigung des Arbeitsverhältnisses zu erfolgen, spätestens jedoch drei Monate vor dem vorgesehenen Beendigungszeitpunkt. Liegen zwischen dem Zeitpunkt der Kenntnis des Beendigungszeitpunkts und der Beendigung weniger als drei Monate, hat die Arbeitslosmeldung innerhalb von drei Tagen zu erfolgen. Ein Verstoß gegen die Meldepflicht kann die Verhängung einer einwöchigen Sperrzeit beim Arbeitslosengeld zur Folge haben.

Der **Arbeitgeber** hat den Arbeitnehmer frühzeitig über diese Meldepflicht und die Notwendigkeit eigener Aktivitäten bei der Suche nach einer anderen Beschäftigung **zu informieren**.

Muster

(Bei Anwendung des Musters ist zu prüfen, welche Vertragsbedingungen übernommen werden sollen. Gegebenenfalls sind Anpassungen und Ergänzungen zu empfehlen.)

Befristeter Arbeitsvertrag

Zwischen .... (Arbeitgeber)

und Herrn/Frau .... (Arbeitnehmer/-in)

wird folgender Arbeitsvertrag geschlossen:

§1 Beginn und Ende des Arbeitsverhältnisses

Das Arbeitsverhältnis wird auf die Dauer der diesjährigen Sommersaison, beginnend mit dem .... abgeschlossen.

oder

Das Arbeitsverhältnis beginnt am .... und endet am ....

(Hier ist zu unterscheiden, ob die Befristung mit oder ohne Sachgrund erfolgt. Es ist empfehlenswert, wenn eine sachgrundlose Befristung erfolgt, die Norm des § 14 Abs. 2 TzBfG im Vertrag zu nennen und bei Vorliegen eines Sachgrundes im Zeitpunkt des Vertragsschlusses diesen zu Beweiszwecken in den Unterlagen zu notieren.)

§2 Beendigung des Arbeitsverhältnisses und Probezeit

Der Rücktritt vom Arbeitsvertrag oder seine Kündigung vor Aufnahme der Tätigkeit sind ausgeschlossen.

Das Arbeitsverhältnis endet zum vorgesehenen Zeitpunkt, ohne dass es einer Kündigung bedarf. (*Bei zweckbefristetem Arbeitsverhältnis ergänzen:* Der Arbeitgeber wird den Arbeitnehmer jedoch zwei Wochen vor Zweckerreichung vom Auslaufen des Arbeitsverhältnisses schriftlich benachrichtigen.)

Vorzeitig kann das Arbeitsverhältnis jederzeit mit der gesetzlich zulässigen Frist gekündigt werden.

Die ersten sechs Monate (*oder* drei Monate) gelten als **PROBEZEIT**.

Jede gesetzliche Verlängerung der Kündigungsfrist zugunsten des Arbeitnehmers gilt in gleicher Weise auch zugunsten des Arbeitgebers. Die Kündigung bedarf der Schriftform.

Das Recht zur außerordentlichen Kündigung bleibt unberührt.

§3 Tätigkeit

Der Arbeitnehmer wird als .... eingestellt und vor allem mit folgenden Arbeiten beschäftigt:

....

(Bei der Angabe der Tätigkeiten empfiehlt sich keine zu starke Einengung, da bei einer Änderung, der Arbeitnehmer ansonsten zustimmen muss oder eine sozial gerechtfertigte Änderungskündigung auszusprechen ist.)

Er verpflichtet sich, auch andere Arbeiten auszuführen – auch an einem anderen Ort –, die seinen Vorkenntnissen und Fähigkeiten entsprechen. Dies gilt, soweit dies bei Abwägung der Interessen des Arbeitgebers und des Arbeitnehmers zumutbar und nicht mit einer Lohnminderung verbunden ist.

§4 Arbeitsvergütung

Der Arbeitnehmer erhält eine monatliche Bruttovergütung von .... €/ einen Stundenlohn von .... €.

Soweit eine zusätzliche Zahlung vom Arbeitgeber gewährt wird, handelt es sich um eine freiwillige Leistung. Auch die wiederholte vorbehaltlose Zahlung begründet keinen Rechtsanspruch auf Leistungsgewährung für die Zukunft. Ein Anspruch auf Zuwendungen besteht nicht für Zeiten, in denen das Arbeitsverhältnis ruht und kein Anpruch auf Arbeitsentgelt besteht. Dies gilt insbesondere für Elternzeit, Wehr- und Zivildienst und unbezahlte Freistellung. Voraussetzung für die Gewährung einer Gratifikation ist stets, dass das Arbeitsverhältnis am Auszahlungstag weder beendet noch gekündigt ist.

§5 Arbeitszeit

Die regelmäßige Arbeitszeit beträgt .... Wochenstunden. Beginn und Ende der täglichen Arbeitszeit richten sich nach der betrieblichen Einteilung.

oder

Der Arbeitnehmer wird an folgenden Wochentagen je .... Stunden von .... bis .... beschäftigt.

§6 Urlaub

Der Arbeitnehmer hat Anspruch auf einen gesetzlichen Mindesturlaub von derzeit 20 Arbeitstagen im Kalenderjahr – ausgehend von einer Fünf-Tage-Woche. Der Arbeitgeber gewährt zusätzlich einen vertraglichen Urlaub von weiteren .... Arbeitstagen. Bei der Gewährung von Urlaub wird zuerst der gesetzliche Urlaub eingebracht.

Der Zusatzurlaub mindert sich für jeden vollen Monat, in dem der Arbeitnehmer keinen Anspruch auf Entgelt bzw. Entgeltfortzahlung hat oder bei Ruhen des Arbeitsverhältnisses um ein Zwölftel. Für den vertraglichen Urlaub gilt abweichend von dem gesetzlichen Mindesturlaub, dass der Urlaubsanspruch mit Ablauf des Übertragungszeitraums am 31.3. des Folgejahres auch dann verfällt, wenn er wegen Arbeitsunfähigkeit des Arbeitnehmers nicht genommen werden kann. Der gesetzliche Urlaub verfällt in diesem Fall erst 15 Monate nach Ende des Urlaubsjahres.

Bei Ausscheiden in der zweiten Jahreshälfte wird der Urlaubsanspruch gezwölftelt, wobei die Kürzung allerdings nur insoweit erfolgt, als dadurch nicht der gesetzlich vorgeschriebene Mindesturlaub unterschritten wird.

Bei Beendigung des Arbeitsverhältnisses sind verbleibende Urlaubsansprüche innerhalb der Kündigungsfrist abzubauen, soweit dies möglich ist.

Die rechtliche Behandlung des Urlaubs richtet sich im Übrigen nach den gesetzlichen Bestimmungen.

§7 Krankheit

Ist der Arbeitnehmer infolge unverschuldeter Krankheit arbeitsunfähig, so besteht Anspruch auf Fortzahlung der Arbeitsvergütung bis zur Dauer von sechs Wochen nach den gesetzlichen Bestimmungen. Die Arbeitsverhinderung ist dem Arbeitgeber unverzüglich mitzuteilen. Dauert die Arbeitsunfähigkeit länger als drei Kalendertage, hat der Arbeitnehmer eine ärztliche Bescheinigung über das Bestehen sowie deren voraussichtliche Dauer spätestens an dem auf den dritten Kalendertag folgenden Arbeitstag vorzulegen. Diese Nachweispflicht gilt auch nach Ablauf der sechs Wochen. Der Arbeitgeber ist berechtigt, die Vorlage der Arbeitsunfähigkeitsbescheinigung früher zu verlangen.

§8 Verschwiegenheitspflicht

Der Arbeitnehmer verpflichtet sich, während der Dauer des Arbeitsverhältnisses und auch nach Ausscheiden, über alle Betriebs- und Geschäftsgeheimnisse Stillschweigen zu bewahren.

Für jeden Fall der Zuwiderhandlung gegen diese Verpflichtung verpflichtet er sich eine Vertragsstrafe in Höhe einer Bruttomonatsvergütung zu zahlen. Die Geltendmachung eines weiteren Schadens bleibt dem Arbeitgeber vorbehalten.

§9 Nebentätigkeit

Jede entgeltliche oder das Arbeitsverhältnis beeinträchtigende Nebenbeschäftigung ist nur mit Zustimmung des Arbeitgebers zulässig.

§10 Vertragsstrafe

Der Arbeitnehmer verpflichtet sich für den Fall, dass er das Arbeitsverhältnis nicht vertragsgemäss antritt oder das Arbeitsverhältnis vertragswidrig beendet, dem Arbeitgeber eine Vertragsstrafe in Höhe einer halben Bruttomonatsvergütung für einen Vertragsbruch bis zum Ende der Probezeit und einer Bruttomonatsvergütung nach dem Ende der Probezeit zu zahlen. Das Recht des Arbeitgebers, weitergehende Schadensersatzansprüche geltend zu machen, bleibt unberührt.

§11 Verfall-/Ausschlussfristen

Die Vertragschliessenden müssen Ansprüche aus dem Arbeitsverhältnis innerhalb von drei Monaten (*oder:* sechs Monaten) nach ihrer Fälligkeit schriftlich geltend machen und im Falle der Ablehnung durch die Gegenseite innerhalb von weiteren drei Monaten einklagen.

Andernfalls erlöschen sie. Für Ansprüche aus unerlaubter Handlung verbleibt es bei der gesetzlichen Regelung.

§12 Zusätzliche Vereinbarungen

....

....

....

§13 Vertragsänderungen und Nebenabreden

Aus dem reinen einseitigen Verhalten des Arbeitgebers erwachsen dem Arbeitnehmer keine vertraglichen Rechtsansprüche, sofern nicht eine mündliche oder schriftliche einvernehmliche Vertragsänderung vorliegt (Ausschluss der betrieblichen Übung).

Sollten einzelne Bestimmungen dieses Vertrages unwirksam sein oder werden, wird hierdurch die Wirksamkeit des Vertrages im Übrigen nicht berührt.

Der Arbeitnehmer verpflichtet sich, dem Arbeitgeber unverzüglich über Veränderungen der persönlichen Verhältnisse wie Familienstand, Kinderzahl und Adresse Mitteilung zu machen.

§14 Zusätzliche Hinweise

(Bei zeitlich befristeten Arbeitsverträgen:) Zur Aufrechterhaltung ungekürzter Ansprüche auf Arbeitslosengeld ist der Arbeitnehmer verpflichtet, sich drei Monate vor Ablauf des Vertragsverhältnisses persönlich bei der Agentur für Arbeit arbeitssuchend zu melden. Sofern dieses Arbeitsverhältnis für eine kürzere Dauer als drei Monate befristet ist, besteht diese Verpflichtung unverzüglich. Weiterhin ist der Arbeitnehmer verpflichtet, aktiv nach einer Beschäftigung zu suchen.

(Bei zweckbefristeten Arbeitsverhältnissen hat ein entsprechender Hinweis in der schriftlichen Unterrichtung über die Zweckerreichung zu erfolgen. Der Arbeitgeber wird den Arbeitnehmer jedoch zwei Wochen vor Zweckerreichung vom Auslaufen des Arbeitsverhältnisses schriftlich benachrichtigen.)

....
Ort, Datum

....
Unterschrift Arbeitgeber   Unterschrift Arbeitnehmer/-in

Benachteiligungsverbote und unzulässige Ungleichbehandlungen nach dem AGG

Nach dem Allgemeinen Gleichbehandlungsgesetz (AGG) dürfen Beschäftigte wegen **Geschlecht, Rasse oder ethnischer Herkunft, Religion oder Weltanschauung, Alter, Behinderung und sexueller Identität** nicht benachteiligt werden.

> *Beachte: nicht jede unterschiedliche Behandlung ist jedoch eine* **verbotene Benachteiligung.** *Eine unzulässige Benachteiligung ist ausgeschlossen, soweit die betreffenden Vorschriften, Kriterien oder Verfahren durch ein rechtmäßiges Ziel sachlich gerechtfertigt und die Mittel zur Erreichung dieses Ziels angemessen und erforderlich sind.*

Der **gesamte Einstellungsprozess** von der Ausschreibung über die Bewerberauswahl bis hin zum Abschluss des Arbeitsvertrages wird nunmehr vom AGG beherrscht.

Besonders betroffen von **unzulässigen Ungleichbehandlungen** sind u.a. folgende Bereiche und Abläufe:
- Stellenausschreibungen, Einstellungs- und Auswahlverfahren, Antwortschreiben, Arbeitsvertragsgestaltung
- Beförderungen und Versetzungen
- Abmahnungen und Kündigungen
- Leistungsbewertungen und Beurteilungen

Sowohl bei internen Ausschreibungen als auch bei externen Stellenanzeigen ist darauf zu achten, dass keine Formulierungen verwendet werden, die in irgendeinem Zusammenhang mit einem der o.g. **8 Diskriminierungsmerkmale** gebracht werden können. Besonders praxisrelevant sind die Merkmale Geschlecht, Herkunft, Alter und Behinderung.

Was ist erlaubt – und was nicht

Falsch wegen geschlechtlicher Benachteiligung: „Elektriker gesucht" – „Putzfrau gesucht"

Richtig: „Elektriker (m/w) gesucht" – „Reinigungskraft gesucht"

Falsch wegen ethnischer Beschreibung: „Verkäufer (m/w), bevorzugt deutsch"

Falsch wegen Anknüpfung an Alter: „Verkäuferin gesucht, Mindestalter 25 Jahre" – „junge Aushilfskraft gesucht" – „Lagerarbeiter gesucht, bis 45 Jahre/zwischen 30 und 40 Jahren"

Richtig: „Verkäuferin gesucht, (einschlägige) Berufserfahrung erforderlich" – „Aushilfskraft gesucht, auch für Berufsanfänger geeignet"

Falsch wegen Anknüpfung an Behinderung: „Lagerarbeiter/-in, gesund und leistungsfähig/gute körperliche Verfassung erforderlich"

Richtig: „Lagerarbeiter/-in, körperlich anspruchsvolle Tätigkeit"
Auch Hinweise wie „gepflegte äußere Erscheinung erforderlich" dürfen nur mit größter Zurückhaltung verwendet werden – und sind regelmäßig auch nicht notwendig: spätestens beim ersten Vorstellungstermin wird hierüber Klarheit herrschen.

Abgelehnte Bewerber haben grundsätzlich **zwei Monate** Zeit, um angebliche Ansprüche wegen Diskriminierung schriftlich beim Arbeitgeber geltend zu machen. Diese **Ausschlussfrist** beginnt mit dem Zugang der Absage bei dem abgelehnten Bewerber. Es ist zu empfehlen, die konkreten Gründe für die Absage in kurzer Form zu dokumentieren und auch bei offensichtlich unqualifizierten Bewerbern die wichtigsten persönlichen und beruflichen Eckdaten **aufzubewahren**.

Absageschreiben sollten so allgemein wie möglich formuliert und möglichst ohne detaillierte Gründe versehen werden: „Wir haben uns für einen anderen Bewerber/-in entschieden und müssen Ihnen daher leider absagen. Die noch zurückbehaltenen Bewerbungsunterlagen werden Ihnen in ca. zwei Monaten nachgesandt."

Bei **telefonischen Nachfragen** abgelehnter Bewerber sollten möglichst nur allgemeine Auskünfte zu den Gründen für die Entscheidung gegeben werden und keinerlei Motive mit einem Zusammenhang zu einem der Diskriminierungsmerkmale genannt werden.

Auch der Einsatz von **Personalfragebögen** sollte vor dem Hintergrund der neuen Gleichbehandlungsvorschriften überdacht werden. Unterschieden werden muss, ob solche Fragebögen vor oder nach dem Abschluss des Arbeitsvertrags verwendet werden. Vor **Abschluss des Arbeitsvertrags** ist besondere Vorsicht geboten, insbesondere bei Fragen nach Schwangerschaft, Schwerbehinderung und Krankheit. Ist der Arbeitsvertrag dagegen bereits unterzeichnet, bestehen weitergehende Fragemöglichkeiten. Dies gilt zunächst hinsichtlich sämtlicher Sozialdaten, aber auch bezüglich einer Schwangerschaft und Schwerbehinderung.

Nach dem AGG ist der Arbeitgeber verpflichtet, die erforderlichen präventiven Maßnahmen zum Schutz vor Benachteiligungen zu ergreifen. Hat der Arbeitgeber seine Beschäftigten in geeigneter Weise zum Zwecke der Verhinderung von Benachteiligung **aufgeklärt** und **geschult,** gilt dies als Erfüllung seiner Pflichten zum Schutz vor Benachteiligung.

Verstoßen **Beschäftigte** gegen das Benachteiligungsverbot, hat der Arbeitgeber die im Einzelfall geeigneten, erforderlichen und angemessenen Maßnahmen zur Unterbindung der Benachteiligung wie Abmahnung, Umsetzung, Versetzung oder Kündigung zu ergreifen. Maßnahmen müssen auch getroffen werden, falls die Beschäftigten bei der Ausübung ihrer Tätigkeit durch Dritte (z.B. Kunden, Lieferanten) benachteiligt werden.

Schließlich muss der Arbeitgeber die gesetzlichen Vorschriften im Betrieb auch beispielsweise durch Aushang oder Auslegung an geeigneter Stelle **bekannt machen.**

Die Beschäftigten, die von einer Diskriminierung betroffen sind, haben zunächst ein Beschwerderecht. Auch ein Leistungsverweigerungsrecht ist in bestimmten Fällen vorgesehen. Am weitreichendsten sind jedoch der gesetzlich verankerte Anspruch auf eine angemessene Entschädigung in Geld (Schmerzensgeld) und der **Schadensersatzanspruch.** Der **Entschädigungsanspruch** besteht – im Gegensatz zum Schadensersatzanspruch – verschuldensunabhängig.

> **Beachte:** *Die Höhe des Schadensersatzes und der Entschädigung ist gesetzlich nicht begrenzt. Entschädigung und Schadensersatz müssen innerhalb von* **zwei Monaten** *ab Kenntniserlangung schriftlich geltend gemacht werden.*

(Detailliertere Informationen zum AGG sind zu finden in der → DIHK-Publikation „Das Allgemeine Gleichbehandlungsgesetz").

■ Betriebsübergang/-nachfolge

Voraussetzungen

Geht ein Betrieb oder Betriebsteil durch Rechtsgeschäft auf einen neuen Inhaber über, tritt dieser in die Rechte und Pflichten der bestehenden Arbeitsverhältnisse ein. Ein **Betriebsteil** ist dabei jede selbstständig abtrennbare Untergliederung des gesamten Betriebes und kann z.B. eine Abteilung, Filiale oder Geschäftsstelle sein. Die **Übertragung** umfasst alle Fälle der Fortführung im Rahmen vertraglicher oder sonstiger rechtsgeschäftlicher Beziehungen (z.B. Kauf, Schenkung, Verpachtung des Betriebes, Pächterwechsel, Unternehmensspaltung, -verschmelzung). Ein Betriebsübergang setzt weiter voraus, dass keine wesentliche zeitliche Unterbrechung der Produktionsgemeinschaft stattfindet. Ausgeschlossen ist ein Betriebsübergang erst beim Vorliegen ernsthafter Stilllegungsabsichten, d.h. einer wirtschaftlichen Unterbrechung des Geschäftsbetriebes von mindestens vier bis sechs Monaten.

Der Betriebsübergang tritt mit dem Wechsel der Person des Betriebsinhabers ein. Der bisherige Inhaber muss seine wirtschaftliche Betätigung in dem Betrieb einstellen, der Erwerber sie übernehmen. Damit die Identität des Betriebs(-teils) erhalten bleibt, muss die vom Erwerber fortgeführte Tätigkeit im Wesentlichen mit der bisherigen gleichartig sein.

Rechtsfolgen

Der neue Betriebsinhaber tritt in alle Rechte und Pflichten aus dem im Zeitpunkt des Betriebsübergangs bestehenden Arbeits- bzw. Ausbildungsverhältnis ein. Der Betriebsübergang bewirkt also **automatisch** einen **Arbeitgeberwechsel,** unabhängig vom Willen des alten oder neuen Inhabers. Dies bedeutet:
1. Löhne und Gehälter, Gratifikationen und andere Sonderleistungen, bindende betriebliche Übung, Urlaubs- und Entgeltfortzahlungspflichten und vereinbarte nachvertragliche Wettbewerbsverbote gelten fort.
2. Vom Veräußerer erteilte Nebentätigkeitsgenehmigungen und Abmahnungen bleiben wirksam.
3. Die Dauer der bisherigen Betriebszugehörigkeit zählt bei der Berechnung von Wartezeiten (z.B. zur Berechnung der Kündigungsfristen) usw. mit.

Wichtig: *Soweit im Betrieb bisher nur mündliche Vereinbarungen bestanden, ist dringend zu empfehlen, den Betriebsübergang zum Anlass zu nehmen, die allgemeinen Rahmenbedingungen und auch die Angaben über die persönlichen Verhältnisse der Arbeitnehmer* **schriftlich** *in Form eines* **Arbeitsvertrages** *festzuhalten (→ Arbeitsvertrag).*

Eine Kündigung durch den bisherigen oder den neuen Inhaber **wegen** des Übergangs eines Betriebes oder Betriebsteils ist unwirksam. Eine Kündigung erfolgt wegen des Betriebsübergangs, wenn dieser der tragende Grund und nicht nur der äußere Anlass für die Kündigung ist. Gibt es hingegen neben dem Betriebsübergang einen sachlichen Grund, der aus sich heraus die Kündigung rechtfertigt, wäre eine Kündigung möglich. Dieses **Kündigungsverbot** umfasst sowohl die ordentliche und außerordentliche Beendigungskündigung als auch die Änderungskündigung, jeweils wegen des Betriebsübergangs. Gibt es hingegen neben dem Betriebsübergang einen sachlichen Grund, der aus sich heraus die Kündigung rechtfertigt, wäre eine Kündigung möglich. D.h. Kündigungen aus verhaltensbedingten, personenbedingten oder sonstigen betriebsbedingten Gründen sind weiterhin möglich.

Beachte: *Auch gegen eine Kündigung wegen Betriebsübergang, die unwirksam ist, muss sich der Arbeitnehmer rechtzeitig, d.h. unter Einhaltung der dreiwöchigen Klagefrist beginnend mit dem Zugang der Kündigung, wehren. Andernfalls wird die verbotswidrig erklärte Kündigung mit Ablauf dieser Frist wirksam.*

Tipp: *Der Erwerber kann die bei ihm fortgeltenden Regelungen im Arbeitsvertrag zwar nur im* **Einvernehmen** *mit dem Arbeitnehmer ändern. Wurde jedoch im Arbeitsvertrag nicht Konkretes vereinbart (z.B. die Tätigkeit wurde nur fachlich beschrieben oder nur eine Arbeitszeit von täglich acht Stunden ohne genaue Verteilung festgelegt), bedarf es keiner Änderungskündigung, sondern kann der Arbeitgeber im Rahmen seines* **Weisungs- oder Direktionsrechts** *andere Tätigkeiten oder eine andere Verteilung der Arbeitszeit* **bestimmen.**

Tipp: *Die Auflösung des Arbeitsverhältnisses durch Abschluss eines* **Aufhebungsvertrages** *mit dem Veräußerer oder Erwerber ist möglich, wenn die Vereinbarung auf das endgültige Ausscheiden des Arbeitnehmers aus dem Betrieb gerichtet ist. Wird hingegen zugleich ein neues Arbeitsverhältnis zum Betriebsübernehmer vereinbart oder zumindest verbindlich in Aussicht gestellt, ist der Aufhebungsvertrag wegen Umgehung des Kündigungsverbotes nichtig.*

Soweit in dem Betrieb ein **Tarifvertrag** gilt oder ein **Betriebsrat** vorhanden ist gilt Folgendes:
Tarifvertragliche Regelungen und Betriebsvereinbarungen werden ebenfalls Inhalt des Arbeitsverhältnisses zwischen dem neuen Inhaber und dem Arbeitnehmer. Sie dürfen nicht vor Ablauf eines Jahres nach dem Zeitpunkt des Übergangs zum Nachteil des Arbeitnehmers geändert werden.

> **Beachte:** *Die im Gesetz normierte Jahresfrist gilt nur für kollektiv-rechtliche Regelungen, d.h. Rechtsnormen eines Tarifvertrages oder einer Betriebsvereinbarung. Für die Änderung* **einzelvertraglicher Regelungen** *gilt grundsätzlich ein* **zeitlich unbegrenztes Kündigungsverbot** *(siehe oben).*

Der Erwerber haftet grundsätzlich für alle im Zeitpunkt des Betriebsübergangs bestehenden Verbindlichkeiten des Veräußerers aus dem Arbeitsverhältnis. Daneben haftet der Veräußerer jedoch kraft Gesetzes als Gesamtschuldner neben dem Erwerber für solche Verpflichtungen,
- die vor dem Betriebsübergang entstanden und fällig geworden sind
- die vor dem Betriebsübergang entstanden und spätestens ein Jahr danach fällig geworden sind.

Informationspflicht/Widerspruchsrecht

Der bisherige oder der neue Inhaber hat jeden von einem Übergang betroffenen Arbeitnehmer **vor dem Übergang in Textform** (also als Schriftstück) über folgende Punkte zu **unterrichten:**
1. über den schon feststehenden oder geplanten Zeitpunkt und den Grund des Übergangs,
2. über die rechtlichen, wirtschaftlichen und sozialen Folgen für die Arbeitnehmer,
3. über die für die Betroffenen vorgesehenen Maßnahmen (z.B. Weiterbildungsmaßnahmen, wenn Produktionsumstellungen geplant sind).

Die ordnungsgemäße Unterrichtung ist von wesentlicher Bedeutung, da bei fehlerhafter Information die **Widerspruchsfrist** nicht zu laufen beginnt. Der Arbeitnehmer kann ohne Angabe von Gründen dem Betriebsübergang widersprechen. Der Widerspruch muss **schriftlich** (d.h. eigenhändig unterschrieben) und **innerhalb eines Monats** nach Zugang der Unterrichtung dem bisherigen oder dem neuen Inhaber gegenüber erklärt werden. Eine Begründung des Widerspruches ist nicht erforderlich. Nach einem Widerspruch besteht das Arbeitsverhältnis mit dem früheren Betriebsinhaber fort. Ist dabei die bisherige Beschäftigungsmöglichkeit dort in Folge des Betriebsübergangs entfallen, kann betriebsbedingt gekündigt werden, wenn keine anderweitige Beschäftigungsmöglichkeit im Unternehmen besteht. Ein Verzicht des Arbeitnehmers auf das Widerspruchsrecht ist möglich.

Ein wirksamer Verzicht:
1. muss im Einzelfall anlässlich eines konkreten Betriebsübergangs erklärt werden (keine abstrakte Regelung im Voraus im Arbeitsvertrag!),
2. setzt eine ordnungsgemäße Unterrichtung durch den Arbeitgeber voraus (siehe oben),
3. darf nicht konkludent, sondern muss ausdrücklich erfolgen.

■ Betriebsurlaub/-ferien

Der Arbeitgeber ist berechtigt, für alle Arbeitnehmer des Betriebes oder einzelne Abteilungen einen einheitlichen Urlaub anzuordnen und den Betrieb während dieser Zeit ganz oder zum Teil stillzulegen.

Bei der Festlegung des Betriebsurlaubes sind die Interessen der Mitarbeiter zu berücksichtigen (Schulferien, frühzeitige Ankündigung).

Der Betriebsrat hat, sofern ein solcher besteht, bei der Planung und zeitlichen Bestimmung des Urlaubs ein Mitbestimmungsrecht.

E

■ Einstellungsgespräch und -fragebogen

Bei mündlichen oder schriftlichen Verhandlungen, die dem Abschluss des Arbeitsvertrages vorausgehen, haben Arbeitgeber und Arbeitnehmer wechselseitig die Pflichten, den Vertragspartner zu informieren.

Pflichten des Arbeitgebers

- Information über
  - Aufgabe, Verantwortung, Art der Tätigkeit und Einbindung in den Betriebsablauf
  - besondere Anforderungen,
  - besondere gesundheitliche Belastungen.
- Bewerbungsunterlagen sorgfältig behandeln und aufbewahren.
- bei Nichtzustandekommen des Vertragsverhältnisses die Bewerbungsunterlagen unverzüglich aushändigen und Personalfragebogen vernichten.
- über alle Informationen Stillschweigen zu bewahren.

Fordert der Arbeitgeber einen Bewerber zur Vorstellung auf, so hat er die **Vorstellungskosten** (verkehrsübliche erforderliche Fahrtkosten, Mehrkosten für Übernachtung und Verpflegung) zu ersetzen. Der dem Arbeitnehmer entstehende Zeitaufwand ist nicht auszugleichen, und zwar weder ein genommener Urlaubstag noch ein etwaiger Verdienstausfall. Dies gilt unabhängig davon, ob ein Arbeitsverhältnis zustande kommt oder nicht. Ein derartiger Ersatzanspruch besteht hingegen nicht, wenn sich der Arbeitnehmer vorstellt, ohne vom Arbeitgeber dazu aufgefordert worden zu sein.

> **Tipp:** *Der Arbeitgeber kann den Ersatzanspruch jedoch ausschließen, wenn er dies dem Bewerber bei der Aufforderung zur Vorstellung mitteilt.*

Pflichten des Arbeitnehmers

- Mitteilung über Umstände, die die Erfüllung seiner Arbeitsleistung in Frage stellen (**Offenbarungspflicht**). Dies gilt für:
  - Kurantritt in Kürze,
  - Krankheiten, die den Arbeitnehmer wegen Ansteckungsgefahr oder Schwere an der Erbringung der Leistung dauerhaft hindern (z.B. alkoholabhängiger Kraftfahrer)
  - Schwangerschaft allenfalls bei kurzzeitigen Arbeitsverhältnissen, die für ihre gesamte Dauer von einem Beschäftigungsverbot erfasst werden
  - Schwerbehinderung, soweit die vertraglich geschuldete Tätigkeit nicht geleistet werden kann
  - Vorstrafen, aus denen sich für die Tätigkeit eine generelle Ungeeignetheit ergibt (z.B. wegen Sittlichkeit vorbestrafter Erzieher, wegen Unterschlagung vorbestrafter Kassierer)
  - bestehende einschlägige Wettbewerbsverbote
- Zulässigerweise gestellte Fragen des Arbeitgebers sind wahrheitsgemäß zu beantworten

Bei der Befragung von Bewerbern muss der Arbeitgeber bedenken, dass er kein grenzenloses uneingeschränktes **Fragerecht** hat. Es dürfen nur solche Fragen gestellt werden, an deren Beantwortung der Arbeitgeber zur Beurteilung der Eignung und Befähigung des Arbeitnehmers ein objektiv berechtigtes Interesse hat.

Die bewusst falsche Antwort auf eine **zulässige Frage** berechtigt den Arbeitgeber zur Anfechtung des Arbeitsvertrages wegen arglistiger Täuschung, wenn diese Tatsache für die Einstellung des Bewerbers ursächlich war.

Unzulässig gestellte Fragen braucht der Arbeitnehmer nicht zu beantworten; er kann die Beantwortung ablehnen. Auch eine wahrheitswidrige Antwort auf eine unzulässige Frage hat für den Arbeitnehmer keinerlei negative rechtliche Konsequenzen.

Fragen des Arbeitgebers	zulässig	unzulässig	Ausnahmen/Besonderheiten
Berufl. u. fachl. Fähigkeiten, Kenntnisse und Erfahrungen	✓		
Familienverhältnisse	✓		
Eheschließung in absehbarer Zeit		✗	
bestehende Krankheiten: HIV-Infektion		✗	Frage nach Gesundheitszustand ist nur zulässig bei Arbeitsplatzbezug
chronische Leiden	✓		
bevorstehende Kur	✓		
Schwangerschaft		✗	außer siehe oben
Schwerbehinderung	✓		Gefahr des Verstoßes gegen das Diskriminierungsverbot für schwerbehinderte Arbeitnehmer
früher bezogene Vergütung		✗	außer Bewerber fordert bisheriges Gehalt als Mindestgehalt
Vermögensverhältnisse und Lohn-/Gehaltspfändung		✗	außer künftiger Arbeitsplatz ist besondere Vertrauensstellung und bei Führungskräften; umstritten ist, ob die Frage nach laufenden Lohn- und Gehaltspfändungen zulässig ist
Vorstrafen und laufende Ermittlungsverfahren		✗	außer es ist für künftige Position bedeutsam
Religions-, Partei- und Gewerkschaftszugehörigkeit		✗	außer Gewerkschaftszugehörigkeit bei leitenden Angestellten und in Tendenzbetrieben
Wehr- und Ersatzdienst	✓		
Wettbewerbsverbot	✓		

■ Elternzeit und Elterngeld (früher „Erziehungsurlaub und Erziehungsgeld")

Arbeitnehmer haben nach dem Bundeselterngeld- und Elternzeitgesetz Anspruch auf bis zu drei Jahre Elternzeit. Dabei kann die Elternzeit ganz oder zeitweise gemeinsam von beiden Elternteilen genommen werden, wobei sich seine Gesamtdauer von bis zu drei Jahren für jedes Kind nicht verlängert. Ein Anteil von bis zu 12 Monaten kann – mit Zustimmung des Arbeitgebers – zwischen dem 3. und dem 8. Geburtstag des Kindes genommen werden. Die Elternzeit kann auf zwei Zeitabschnitte verteilt werden; eine Verteilung auf weitere Zeitabschnitte ist nur mit der Zustimmung des Arbeitgebers möglich. Die Elternzeit muss spätestens **sieben Wochen vor Beginn** dem Arbeitgeber **schriftlich angezeigt** werden. Gleichzeitig muss erklärt werden, für welche Zeiten innerhalb von zwei Jahren Elternzeit genommen werden soll.

Für **Geburten ab dem 01.07.2015** gelten neue Regelungen zur Elternzeit. Auch weiterhin werden pro Elternteil 36 Monate unbezahlte Freistellung bis zum dritten Geburtstag des Kindes möglich sein. Davon können dann aber **24 Monate** statt bisher zwölf zwischen dem dritten und achten Geburtstag des Kindes eingesetzt werden. Eine Zustimmung des Arbeitgebers ist nicht mehr erforderlich. Damit Unternehmen sich rechtzeitig darauf einstellen können, wird die Anmeldefrist für die Elternzeit in diesem Zeitraum auf 13 Wochen erhöht. Außerdem kann die Elternzeit in drei statt bisher in zwei **Zeitabschnitte** pro Elternteil eingeteilt werden. Den dritten Abschnitt der Elternzeit kann der Arbeitgeber jedoch aus dringenden betrieblichen Gründen ablehnen, wenn er zwischen dem dritten und dem achten Geburtstag des Kindes liegt.

> **Tipp:** *Dem Arbeitgeber ist dringend zu raten, Anfang und Ende der jeweiligen Elternzeit eindeutig und schriftlich zu vereinbaren.*
>
> **Tipp:** *Wenn der Arbeitgeber zur Vertretung eines Arbeitnehmers für die Dauer einer Elternzeit eine Ersatzkraft einstellt, kann er einen → befristeten Arbeitsvertrag für die Dauer von bis zu drei Jahren abschliessen. Darüberhinaus ist eine Befristung auch für notwendige Zeiten der Einarbeitung zulässig.*
>
> *Die Elternzeit kann nur vorzeitig beendet oder verlängert werden, wenn der Arbeitgeber zustimmt.*

In **Betrieben mit mehr als 15 Beschäftigten** (mit Ausnahme der Auszubildenden) besteht ein **Rechtsanspruch auf Teilzeitarbeit** während der Elternzeit **in einem Umfang** zwischen **15 und 30 Stunden pro Woche** für jeden Elternteil. Dabei werden Teilzeitkräfte nicht nur anteilig, sondern voll gezählt. Befindet sich bereits ein anderer Arbeitnehmer in Elternzeit, wird nur dieser oder diese Elternzeitberechtigte oder die dafür eingestellte Ersatzkraft mitgerechnet.

Der Anspruch auf Verringerung der Arbeitszeit setzt jedoch voraus, dass das **Arbeitsverhältnis bereits mehr als sechs Monate bestanden** hat und dem Anspruch keine dringenden betrieblichen Gründe entgegenstehen. Der Arbeitnehmer hat dem Arbeitgeber den Anspruch **sieben Wochen vorher schriftlich mitzuteilen**. Der Antrag muss den Beginn und den Umfang der verringerten Arbeitszeit enthalten. Die gewünschte Verteilung der verringerten Arbeitszeit soll im Antrag angegeben werden. Falls der Arbeitgeber die beanspruchte Verringerung der Arbeitszeit ablehnen will, muss er dies innerhalb von **vier Wochen mit schriftlicher Begründung** tun. Erforderlich ist hierfür das Vorliegen **dringender betrieblicher Gründe**. Während der Elternzeit ist sowohl eine Teilzeittätigkeit bei einem anderen Arbeitgeber als auch als Selbstständiger zulässig, sofern der jetzige Arbeitgeber einer solchen Erwerbstätigkeit zugestimmt hat.

Während der Elternzeit bleibt das Arbeitsverhältnis bestehen. Arbeitnehmer und Arbeitgeber sind lediglich von den beiderseitigen Hauptpflichten, der Lohnzahlung und der Arbeitspflicht, freigestellt.

Kündigung

Der **Arbeitgeber** darf das Arbeitsverhältnis ab dem Zeitpunkt, von dem an Elternzeit verlangt worden ist, höchstens jedoch 8 Wochen vor Beginn und während der Elternzeit nicht kündigen. Nur in bestimmten Ausnahmefällen kann die für den Arbeitsschutz zuständige oberste Landesbehörde oder die von ihr bestimmte Stelle die Kündigung für zulässig erklären. Die Zulässigerklärung muss jedoch bei Ausspruch der Kündigung bereits vorliegen.

Beispiel
- Betriebsstilllegung,
- Stilllegung einzelner Betriebsabteilungen,
- wirtschaftliche Existenz des Betriebes durch Fortsetzung des Arbeitsverhältnisses gefährdet.

Der **Arbeitnehmer** kann das Arbeitsverhältnis zum Ende der Elternzeit nur unter Einhaltung einer Kündigungsfrist von drei Monaten kündigen (Sonderkündigungsrecht). Unberührt bleibt das Recht des Arbeitnehmers zur Kündigung nach den gesetzlichen oder vereinbarten Fristen.

Erholungsurlaub

Der Arbeitgeber kann die Elternzeit, die dem Arbeitnehmer für das Urlaubsjahr aus dem Arbeitsverhältnis zusteht, für jeden vollen Kalendermonat, für den der Arbeitnehmer Elternzeit nimmt, um ein Zwölftel kürzen. Hat der Arbeitnehmer die ihm zustehende Elternzeit vor dem Beginn der Elternzeit nicht oder nicht vollständig erhalten, so hat der Arbeitgeber den Resturlaub nach der Elternzeit im laufenden oder nächsten Urlaubsjahr zu gewähren. Endet das Arbeitsverhältnis während der Elternzeit oder setzt der Arbeitnehmer im Anschluss an die Elternzeit das Arbeitsverhältnis nicht fort, so hat der Arbeitgeber den noch nicht gewährten Urlaub abzugelten.

Elterngeld und ElterngeldPlus

Eltern können ab der Geburt eines Kindes bis zu 12 Monate einkommensabhängiges **Elterngeld** erhalten. Der Anspruch besteht, soweit die Eltern nicht mehr als 30 Stunden in der Woche erwerbstätig sind.

Für Eltern, die Elternzeit und Teilzeitarbeit miteinander kombinieren möchten, wurde das sogenannte **ElterngeldPlus** als weitere Form der einkommensabhängigen staatlichen Unterstützung eingeführt. Bei Kindern, die ab 01.07.2015 geboren werden, erhalten Mütter und Väter die Möglichkeit, in Teilzeit zu arbeiten und trotzdem Elterngeld zu erhalten. Das ElterngeldPlus ist nur halb so hoch wie das reguläre Elterngeld, wird dafür aber mit 24 Monaten doppelt so lange gezahlt wie bisher. Aus einem Elterngeldmonat werden so zwei ElterngeldPlus-Monate.

Das bisherige Elterngeld wird nicht abgeschafft, sondern bleibt neben dieser neuen Variante bestehen. Elterngeld und ElterngeldPlus ersetzen das wegfallende Einkommen abhängig vom Voreinkommen zu 65 bis 100 Prozent. Voraussetzung bei beiden Unterstützungsleistungen ist jedoch, dass der Teilzeitumfang von bis zu 30 Wochenstunden nicht überschritten wird.

Arbeiten beide Elternteile während der Elternzeit gleichzeitig in Teilzeit in einem Umfang von 25 bis 30 Wochenstunden, erhalten sie zusätzlich den sogenannten **Partnerschaftsbonus**. In diesem Fall erhält jeder Elternteil weitere vier Monate ElterngeldPlus. Diesen Bonus erhalten auch alleinerziehenden Müttern und Vätern, die sich das gemeinsame Sorgerecht teilen.

Elterngeld und ElterngeldPlus sind bei der jeweils zuständigen Landesbehörde zu beantragen.

Weitere Informationen zum Thema Elterngeld und ElterngeldPlus sind zu finden unter www.familien-willkommen.de.

F

■ Familienpflegezeit

Das Familienpflegezeitgesetz (FPlZG) soll eine bessere Vereinbarkeit von Beruf und Pflege ermöglichen und ergänzt die Regelungen zur → **Pflegezeit**. Beschäftigte können dabei ihre **Arbeitszeit** über einen Zeitraum von **maximal zwei Jahren auf bis zu 15 Stunden bei gleichzeitiger Aufstockung des Arbeitsentgelts reduzieren**, wenn sie einen nahen Angehörigen pflegen. Nahe Angehörige sind insbesondere Eltern, Großeltern, Schwiegereltern, Ehegatten, Lebenspartner, Partner in eheähnlicher Gemeinschaft, Geschwister sowie Kinder und Enkelkinder. Für die Inanspruchnahme der Familienpflegezeit ist die Pflegebedürftigkeit i. S. d. §§ 14, 15 SGB XI Voraussetzung. Diese ist durch eine entsprechende Bescheinigung nachzuweisen.

Beispiel
Wird die Arbeitszeit in der Pflegephase auf 50 Prozent reduziert, erhalten die Beschäftigten weiterhin 75 Prozent des letzten Bruttoeinkommens. Zum Ausgleich müssen sie später wieder voll arbeiten, bekommen in diesem Fall aber weiterhin nur 75 Prozent des Gehalts – so lange, bis das Zeitkonto wieder ausgeglichen ist.

Für die **Lohnaufstockung** hat der Arbeitnehmer Anspruch auf **ein zinsloses Darlehen des Bundes** in Höhe des Aufstockungsbetrags vom Bundesamt für Familie und zivilgesellschaftliche Aufgaben. Das Darlehen wird anschließend in der Nachpflegephase wieder abgezahlt. Der Beschäftigte arbeitet dann wieder die volle Stundenzahl (im Beispiel 100%), erhält aber weiterhin den reduzierten Lohn (75%). Die Differenz wird zur Tilgung des Darlehens genutzt. Sofern diese Förderung in Anspruch genommen wird, muss der Beschäftigte eine **Versicherung** abschließen, die die Ausfallrisiken Tod und Erwerbsunfähigkeit abdeckt.

In Betrieben mit mehr als 25 Beschäftigten hat ein Arbeitnehmer einen **Rechtsanspruch auf Familienpflegezeit**. Er muss dies dem Arbeitgeber spätestens acht Wochen vor dem gewünschten Beginn schriftlich ankündigen. Gleichzeitig muss der Arbeitnehmer erklären, für welchen Zeitraum und in welchem Umfang innerhalb der Gesamtdauer die Freistellung von der Arbeitsleistung erfolgen soll. Dabei ist auch die gewünschte Verteilung der Arbeitszeit anzugeben. Über diese Einzelheiten ist eine schriftliche Vereinbarung zu treffen. Der Arbeitgeber hat dabei den Wünschen des Arbeitnehmers zu entsprechen, es sei denn, dass dringende betriebliche Gründe entgegenstehen. In kleineren Betrieben ist die Familienpflegezeit lediglich aufgrund einer Vereinbarung zwischen Arbeitgeber und Arbeitnehmer möglich.

> **Beachte:** *Die Dauer von* → *Pflegezeit und Familienpflegezeit ist insgesamt auf zwei Jahre gedeckelt.*

Ab frühestens zwölf Wochen vor Beginn der angekündigten Familienpflegezeit, während der Pflegephase und während der Nachpflegephase genießt der Arbeitnehmer einen **besonderen Kündigungsschutz** (§ 9 Abs. 3 FPfZG). Eine Kündigung durch den Arbeitgeber ist nur wirksam, wenn die für Arbeitsschutz zuständige oberste Landesbehörde der Kündigung zustimmt.

Weitere Informationen zum Thema Familienpflegezeit sind zu finden unter www.wege-zur-pflege.de.

■ Feiertage

Gesetzliche Feiertage sind im Einzelnen:
- Neujahrstag, Karfreitag, Ostermontag, 1. Mai, Himmelfahrtstag, Pfingstmontag, 3. Oktober, 1. und 2. Weihnachtsfeiertag.

Ein **Vergütungsanspruch** besteht nach dem **Entgeltfortzahlungsgesetz** für diejenige Arbeitszeit, die infolge des gesetzlichen Feiertags ausfällt.

Dies gilt auch für Teilzeitbeschäftigte.

Heiligabend und Silvester sind keine gesetzlichen Feiertage, sondern arbeitsrechtlich „normale" Werktage. Damit besteht grundsätzlich kein Vergütungsanspruch, wenn an diesen Tagen nicht gearbeitet wird, es sei denn,
- eine völlige oder teilweise Freistellung wurde vereinbart
- die Vergütung wurde auf Grund wiederholter dreimaliger vorbehaltloser Zahlung zur Betriebsübung.

Freie Mitarbeiter

Freie Mitarbeit ist eine **selbstständige unternehmerische Tätigkeit** einer natürlichen Person für ein fremdes Unternehmen auf dienst- oder werkvertraglicher Grundlage.

Freie Mitarbeiter erbringen die geschuldeten Leistungen persönlich und im wesentlichen ohne Mitarbeit anderer Arbeitnehmer. Sie sind **keine Arbeitnehmer**. Die Arbeitsrechtsgesetzgebung ist auf die freien Mitarbeiter grundsätzlich nicht anwendbar. Ausnahmen von ganz begrenztem Umfang werden nur für die sog. arbeitnehmerähnlichen Personen gemacht. Hierunter fallen diejenigen freien Mitarbeiter, die auf Grund der Bindung an hauptsächlich einen Auftraggeber bzw. auf Grund ihrer finanziellen Abhängigkeit wirtschaftlich abhängig und vergleichbar einem Arbeitnehmer sozial schutzwürdig sind.

Kriterien für freie Mitarbeiter

Nach höchstrichterlicher Rechtsprechung kommt es bei der Unterscheidung freie Mitarbeiter – Arbeitnehmer auf das **Gesamtbild der tatsächlichen Verhältnisse** an. Kriterien für die freie Mitarbeit sind:
- **keine persönliche Abhängigkeit,** d.h. unabhängig von fremder unternehmerischer Planung,
- **keine Weisungsgebundenheit** hinsichtlich Ort, Zeit und Inhalt der Tätigkeit,
- keine Eingliederung/Einbindung in die betriebliche Organisation, beispielsweise durch die Notwendigkeit der engen ständigen Zusammenarbeit mit anderen Arbeitnehmern des Unternehmers,
- keine identische Tätigkeit wie andere Arbeitnehmer desselben Betriebes,
- keine Bindung an feste Arbeitszeiten und einen bestimmten Arbeitsplatz,
- keine ausgeübte Arbeitskontrolle,
- Möglichkeit, Inhalt und Ziel der eigenen Tätigkeit wie ein Unternehmer zu bestimmen,
- eigenes Unternehmerrisiko, Kapitaleinsatz, Pflicht zur Beschaffung von Arbeitsmitteln.

Konsequenzen

Ein erhebliches Interesse an freien Mitarbeitern kann ein Unternehmen haben, um überraschende Auftragseingänge oder Auftragsspitzen nicht nur durch neue, zusätzliche feste Mitarbeiter abzuwickeln und um möglichst flexibel auf die jeweilige Auftragslage reagieren zu können.

Arbeitsrechtlich entstehen für freie Mitarbeiter keine Lohnnebenkosten, kein Kündigungsschutz, kein Mutterschutz, keine Lohnfortzahlung im Krankheitsfall, ggf. keine Mitbestimmungsrechte des Betriebsrates etc.

Die Behandlung eines Beschäftigten in **lohn-/einkommensteuerlicher** Hinsicht als freier Mitarbeiter führt dazu, dass die Grundsätze des Lohnsteuerverfahrens durch den Arbeitgeber nicht beachtet werden müssen und damit keine Lohnsteuer abzuführen ist.

Sozialversicherungsrechtliche Beiträge muss der freie Mitarbeiter (ggf. freiwillig) selbst aufbringen.

> **Beachte:** *Es empfiehlt sich, die Voraussetzungen für ein freies Mitarbeiter-Verhältnis genau zu überprüfen (→ Scheinselbstständigkeit).*
>
> *Bei Nichtbeachtung ist mit Folgendem zu rechnen:*
> - *Verstoß gegen zahlreiche Arbeitnehmerschutzvorschriften*
> - *Haftung wegen nicht abgeführter Steuern*
> - *Geltendmachung des Vorsteuerabzuges*
> - *Zahlung der Sozialversicherungsbeiträge*
>
> *Es ist empfehlenswert, einen schriftlichen Vertrag mit dem freien Mitarbeiter zu schließen.*

Muster

(Bei Anwendung des Musters auf der folgenden Seite ist zu prüfen, welche Vertragsbedingungen übernommen werden sollen. Gegebenenfalls sind Anpassungen und Ergänzungen vorzunehmen.)

Vertrag über freie Mitarbeit

Zwischen .... (Auftraggeber)
und
Herrn/Frau .... (Auftragnehmer/-in)
wird Folgendes vereinbart:

§1 Tätigkeit

1. Der Auftragnehmer .... wird ab dem .... für den Auftraggeber folgende Tätigkeiten als Auftragnehmer übernehmen: .... Ergänzend wird im Einzelfall auf die jeweiligen Auftragsschreiben verwiesen.
2. Der Auftragnehmer unterliegt bei der Durchführung der übertragenen Tätigkeiten keinen Weisungen des Auftraggebers. Er ist in der Gestaltung seiner Tätigkeit frei. Auf besondere betriebliche Belange im Zusammenhang mit seiner Tätigkeit ist jedoch Rücksicht zu nehmen.
3. Der Auftragnehmer ist an keinerlei Vorgaben zum Arbeitsort oder Arbeitszeit gebunden. Projektbezogene Zeitvorgaben des Auftraggebers sind ebenso einzuhalten wie fachliche Vorgaben, soweit diese zur ordnungsgemäßen Vertragsdurchführung erforderlich sind.
4. Der Auftragnehmer ist ferner berechtigt, Aufträge des Auftragsgebers ohne Angaben von Gründen abzulehnen.
5. Gegenüber den Angestellten des Auftragsgebers hat der Auftragnehmer keine Weisungsbefugnis.

§2 Leistungserbringung

1. Der Auftragnehmer ist verpflichtet, die Arbeitsleistung höchstpersönlich zu erbringen. Die Hinzuziehung eigener Mitarbeiter oder die Vergabe von Unteraufträgen bedarf der vorherigen Zustimmung des Auftraggebers.
2. Der Auftragnehmer übt seine Tätigkeit in seinen eigenen Räumlichkeiten aus. Soweit in Einzelfällen eine betriebliche Anwesenheit erforderlich wird, stellt der Auftraggeber nach jeweiliger vorheriger Absprache die entsprechenden betrieblichen Einrichtungen zur Verfügung. Der Auftraggeber stellt dem Auftragnehmer alle zur Ausübung seiner Tätigkeiten erforderlichen Informationen, Hilfsmittel und Unterlagen zur Verfügung, insbesondere ....

3. Beide Vertragsparteien verpflichten sich zur gegenseitigen Kenntnisgabe, sofern sich bei der Vertragsdurchführung Abwicklungsschwierigkeiten oder aber vorhersehbare Zeitverzögerungen ergeben sollten.

§3 Vergütung

1. Als Vergütung wird ein Stundenhonorar von .... € zzgl. der jeweiligen gesetzlichen Mehrwertsteuer vereinbart. Der Auftragnehmer ist verpflichtet, jeweils bis zum 10. des Folgemonats eine spezifizierte Abrechnung in Form einer Rechnung zu erstellen.

2. Der Auftragnehmer ist verpflichtet, zusätzlich geleistete Arbeitsstunden innerhalb von .... Wochen/Monaten nach Anfall abzurechnen. Bei Überschreitung dieser Frist gelten die Ansprüche als verwirkt.

3. Das vereinbarte pauschale Honorar wird jeweils am Monatsende fällig. Die Auszahlung erfolgt unbar.

4. Der Auftragnehmer wird innerhalb von 14 Tagen nach Beginn der Zusammenarbeit dem Auftraggeber ein Konto benennen, auf das das Honorar angewiesen werden kann.

§4 Aufwendungsersatz und sonstige Ansprüche

1. Mit der Zahlung der in diesem Vertrag vereinbarten Vergütung sind alle Ansprüche des Auftragnehmers gegen den Auftraggeber aus diesem Vertrag erfüllt.

oder

Der Auftragnehmer hat Anspruch auf Ersatz der abgerechneten und nachgewiesenen Aufwendungen, die ihm im Rahmen dieser Vereinbarung in der Ausübung seiner Tätigkeit entstehen. Das Normalmaß erheblich übersteigende Ausgaben werden jedoch nur dann ersetzt, wenn der Auftragnehmer zuvor die Zustimmung des Auftraggebers eingeholt hat.

2. Für die Versteuerung der Vergütung hat der Auftragnehmer selbst zu sorgen.

3. Der Auftragnehmer wird darauf hingewiesen, dass er nach § 2 Nr. 9 SGB VI rentenversicherungspflichtig sein kann, wenn er auf Dauer und im wesentlichen nur für einen Auftraggeber tätig ist und keine versicherungspflichtigen Arbeitnehmer beschäftigt, deren Arbeitsentgelt aus dem Beschäftigungsverhältnis regelmäßig 450 € im Monat übersteigt.

§5 Haftung und Gewährleistung

1. Sollte der Auftraggeber auf Grund von Leistungen, die vom Auftragnehmer erbracht wurden, in Haftung genommen werden, so verpflichtet sich der Auftragnehmer gegenüber dem Auftraggeber, diesen von derlei Haftung freizustellen.

2. Für Schäden, die durch Zeitüberschreitung des Auftragnehmers erfolgen, ist die Haftung des Auftragnehmers auf die Höhe von .... € begrenzt. Im Übrigen verpflichtet sich der Auftragnehmer zur kostenlosen Nacharbeit und Beseitigung der von ihm verursachten Mängel.

§6 Fortbildungspflicht

Der Auftragnehmer ist verpflichtet, sich im Rahmen der Durchführung dieses Vertrages auf dem Gebiet seiner Tätigkeit über den aktuellen Entwicklungsstand weiterzubilden und sich über aktuelle Veränderungen auf diesem Gebiet jederzeit auf dem Laufenden zu halten.

§7 Konkurrenz

1. Der Auftragnehmer darf auch für andere Auftraggeber tätig sein. Will der Auftragnehmer allerdings für einen unmittelbaren Wettbewerber des Auftraggebers tätig werden, bedarf dies der vorherigen schriftlichen Zustimmung des Auftraggebers.

2. Der Auftragnehmer verpflichtet sich, für jeden Fall der Zuwiderhandlung eine Vertragsstrafe in Höhe von .... € zu zahlen.

§8 Verschwiegenheit, Aufbewahrung und Rückgabe von Unterlagen

1. Der Auftragnehmer verpflichtet sich, über ihm im Laufe seiner Tätigkeit für das Unternehmen bekannt gewordene Geschäfts- und Betriebsgeheimnisse Stillschweigen zu bewahren. Diese Schweigepflicht besteht auch nach Beendigung des Vertragverhältnisses fort.

2. Unterlagen, die der Auftragnehmer im Rahmen seiner freien Mitarbeit erhalten hat, sind von ihm sorgfältig und gegen die Einsichtnahme Dritter geschützt aufzubewahren. Nach Beendigung der freien Mitarbeit an dem Projekt/Gegenstand, auf das/den sie sich beziehen und für die der Auftragnehmer sie benötigt hat, spätestens jedoch mit Beendigung der freien Mitarbeit sind die Unterlagen an den Auftraggeber zurückzugeben. Die Geltendmachung eines Zurückbehaltungsrechts ist ausgeschlossen.

3. Für jeden Fall der schuldhaften Verletzung dieser Verpflichtungen wird eine Vertragsstrafe in Höhe von ...... € vereinbart.
4. Weitergehender Schadensersatz sowie die Geltendmachung von Unterlassungsansprüchen bleiben vorbehalten.

§9 Vertragsdauer und Kündigung

1. Der Auftragnehmer nimmt die Tätigkeit am .... auf.
2. Das Vertragsverhältnis besteht für die Zeit der Mitarbeit an dem .... Projekt/Gegenstand, voraussichtlich bis zum ....

oder

Das Vertragsverhältnis kann unter Einhaltung einer Frist von .... Wochen/Monaten zum .... gekündigt werden. Das Recht zur außerordentlichen Kündigung bleibt hiervon unberührt. Jede Kündigung bedarf zu ihrer Wirksamkeit der Schriftform.

3. Über die freie Mitarbeit an einem Folgeprojekt/-gegenstand kann eine neue Vereinbarung abgeschlossen werden. Eine solche Nachfolgevereinbarung bedarf wiederum der Schriftform. Dieses Formerfordernis kann weder mündlich noch stillschweigend aufgehoben oder außer Kraft gesetzt werden.

§10 Erfüllungsort und Gerichtsstand

Erfüllungsort und Gerichtsstand ist ....

§11 Arbeitsrechtliche Schutzvorschriften

Von der Möglichkeit des Abschlusses eines Anstellungsvertrages ist in Anwendung des Grundsatzes der Vertragsfreiheit bewusst kein Gebrauch gemacht worden. Eine Umgehung arbeitsrechtlicher oder arbeitsgesetzlicher Schutzvorschriften ist nicht beabsichtigt. Dem freien Mitarbeiter soll vielmehr die volle Entscheidungsfreiheit bei der Verwertung seiner Arbeitskraft belassen werden. Eine über den Umfang dieser Vereinbarung hinausgehende persönliche, wirtschaftliche oder soziale Abhängigkeit wird nicht begründet.

§12 Nebenabreden und salvatorische Klausel

1. Nebenabreden und Änderungen des Vertrages bedürfen zu ihrer Wirksamkeit der Schriftform. Dieses Formerfordernis kann weder mündlich noch stillschweigend aufgehoben oder außer Kraft gesetzt werden.

2. Die teilweise oder vollständige Unwirksamkeit einzelner Bestimmungen dieses Vertrages berührt nicht die Wirksamkeit der übrigen Regelungen des Vertrages.

§13 Vertragsaushändigung

Jede der Vertragsparteien hat eine schriftliche Ausfertigung dieses Vertrages erhalten.

....
Ort, Datum

....
Unterschrift Auftraggeber   Unterschrift Auftragnehmer/-in

∎ Freistellung

Bezahlte Freistellung

Ein Arbeitnehmer hat bei einer persönlichen Arbeitsverhinderung einen gesetzlichen Anspruch auf **Entgeltfortzahlung,** wenn er für die verhältnismäßig nicht erhebliche Zeit unverschuldet an der Arbeitsleistung verhindert ist.

Beachte: Unabhängig hiervon besteht ein Anspruch auf Entgeltfortzahlung bei → Krankheit und an → Feiertagen.

Eine solche Arbeitsverhinderung liegt nicht nur vor, wenn dem Arbeitnehmer die Arbeitsleistung tatsächlich unmöglich ist, sondern auch dann, wenn sie ihm unter Berücksichtigung der Treuepflicht nicht zugemutet werden kann.

Dazu gehört:
- Geburts- oder Sterbefall in der Familie
- schwere Erkrankungen naher Angehöriger (Ehegatten, Kinder, Geschwister, Eltern; nicht: Großeltern)
- eigene Hochzeit, eigene Silberhochzeit
- goldene Hochzeit der Eltern
- gerichtliche Ladung als Zeuge oder Beisitzer
- Arztbesuch ohne Arbeitsunfähigkeit, soweit nicht außerhalb der Arbeitszeit möglich
- Umzug mit dem eigenen Hausstand

Der Arbeitnehmer hat dem Arbeitgeber unverzüglich Mitteilung von der Verhinderung zu machen.

Dauer

Zeitliche Vorgaben oder Grenzen über die Dauer der Freistellung sind nur in Tarifverträgen festgelegt. Im Übrigen ergibt sich aus dem Verhinderungsgrund häufig eine Begrenzung des Zeitraums.

Die Gerichte wenden folgende Regelung an:

Beispiele
- Hochzeit, Tod naher Angehöriger, Geburt eines Kindes jeweils ein bis zwei Arbeitstage

   Beachte: *Grundsätzlich kann der Anspruch auf Freistellung durch entsprechende vertragliche Regelungen eingeschränkt oder ausgeschlossen werden.*

Unbezahlte Freistellung

Ein Anspruch des Arbeitnehmers auf eine darüber hinausgehende (siehe oben) Freistellung besteht nicht; jedoch kann dies tarifvertraglich, einzelvertraglich oder durch Betriebsvereinbarung geregelt sein.

Beispiel für eine unbezahlte Freistellung
- Pflege erkrankter Kinder (bis zum 11. Lebensjahr), jeweils 10 Tage für den erwerbstätigen Elternteil (gesetzliche Krankenversicherungen zahlen Kinderpflegekrankengeld nach § 45 SGB V), soweit nicht Anspruch auf bezahlte Freistellung besteht.

Wichtig: *In jedem Fall muss der Arbeitgeber die Freistellung vorher bewilligen.*

G

■ Geringfügige Beschäftigung

Geringfügig beschäftigt sind diejenigen, deren Arbeitseinkommen **monatlich 450 €** (bis 31.12.2012: 400 €) nicht übersteigt. Die früher geltende zeitliche Begrenzung auf weniger als 15 Stunden pro Woche ist entfallen.

> **Beachte:** *Der Arbeitgeber hat für geringfügig Beschäftigte einen Pauschalbeitrag von* **15 %** *des Arbeitsverdienstes an die* **gesetzliche Rentenversicherung** *zu zahlen. In der* **Krankenversicherung** *beträgt er* **13 %**. *Hinzu kommen 2 % des Arbeitsentgeltes als* **Pauschalsteuer** *mit Abgeltungswirkung (einschließlich Kirchensteuer und Solidaritätszuschlag), sofern nicht per Lohnsteuerkarte abgerechnet wird. Dies bedeutet, dass der Arbeitgeber künftig* **pauschal 30 %** *zu zahlen hat sowie 0,84 % Umlagen zum Ausgleich der Arbeitgeberaufwendungen bei Krankheit und Mutterschutz (siehe unten) und 0,15 % Insolvenzgeldumlage. Beiträge und Steuern sind an die* **Deutsche Rentenversicherung Knappschaft-Bahn-See/Verwaltungsstelle Cottbus** *zu entrichten. Diese verteilt die eingegangenen Beträge an die zuständigen Stellen.*

> **Tipp:** *Geringfügig entlohnte Beschäftigte, die* **ab dem 1. Januar 2013** *beginnen, werden* **versicherungspflichtig in der gesetzlichen Rentenversicherung.** *Hierdurch erwerben sie Ansprüche auf die vollen Leistungen der Rentenversicherung. Die Beschäftigten können sich jedoch von der dieser Versicherungspflicht befreien lassen. Hierfür müssen sie dem Arbeitgeber schriftlich mitteilen, dass er die* **Befreiung von der Rentenversicherungspflicht** *wünscht. Dann entfällt der Eigenanteil des Beschäftigten (3,7 % Aufstockung auf die Pauschale von 15 % ergibt den derzeit geltenden Rentenversicherungsbeitrag von 18,7 %/ Stand: 1. Januar 2015) und nur der Arbeitgeber zahlt den Pauschalbeitrag von 15 % zur Rentenversicherung. Beschäftigten ist zu raten, sich bei einer Auskunfts- und Beratungsstelle der Deutschen Rentenversicherung über die persönlichen Folgen der Befreiung von der Versicherungspflicht zu informieren. Der Musterantrag ist auf der Homepage der Deutschen Rentenversicherung zu finden.*

> **Beachte:** **Besonderheiten gelten bei Beschäftigungen, die vor dem 1. Januar 2013 bereits bestanden haben.** *Beschäftigte, die bereits vor dem 1. Januar 2013 versicherungsfrei in der Rentenversicherung waren, bleiben es auch weiterhin. Sie haben aber jederzeit die Möglichkeit, durch Beitragsaufstockung auf die Versicherungsfreiheit in der Rentenversicherung zu verzichten. Erhöht der Arbeitgeber nach dem 31. Dezember 2012 allerdings das regelmäßige monatliche Arbeitsentgelt auf einen Betrag von mehr als 400 Euro und weniger als*

450,01 Euro, gilt für die alte Beschäftigung das neue Recht. Dann tritt bei dem bisher versicherungsfreien Beschäftigten grundsätzlich Versicherungspflicht in der Rentenversicherung ein. Der Beschäftigte kann sich jedoch von der Versicherungspflicht befreien lassen. Wurden hingegen in der Beschäftigung bereits vor dem 1. Januar 2013 Rentenversicherungsbeiträge aufgestockt, bleibt der Beschäftigte weiterhin versicherungspflichtig und kann sich nicht befreien lassen. Für diese Fälle bestehen umfangreiche Übergangsregelungen. Details sind u.a. auf der Homepage der Minijob-Zentrale zu finden.

Beachte: *Der Beitrag für die Krankenkasse entfällt wie bisher, wenn der Arbeitnehmer nicht in einer gesetzlichen Krankenkasse ist.*

Beachte: *Eine Freistellungsbescheinigung des Finanzamtes wird nicht mehr benötigt!*

Beachte: *Neben der Meldepflicht bei der Deutschen Rentenversicherung als einheitliche Einzugsstelle besteht auch eine* **Melde- und Beitragspflicht** *zur Deutschen Gesetzlichen Unfallversicherung.*

Wie bisher gilt auch künftig der Grundsatz, dass alle geringfügigen Beschäftigungen zusammengerechnet werden. Weiterhin gilt auch die Zusammenrechnung von geringfügigen Beschäftigungen mit so genannten Hauptbeschäftigungen (versicherungspflichtige Beschäftigungen). Neben einer versicherungspflichtigen Beschäftigung bleibt künftig **„eine" geringfügige Beschäftigung** (nicht beim gleichen Arbeitgeber!) sozialversicherungsfrei. Bei mehreren geringfügigen Beschäftigungen ist lediglich diejenige geringfügige Beschäftigung, die zeitlich zuerst aufgenommen wurde, neben einer versicherungspflichtigen Hauptbeschäftigung sozialversicherungsfrei.

Arbeitsrechtlich sind regelmäßig **geringfügig Beschäftigte wie Teil- und Vollzeitkräfte zu behandeln:** sie haben grundsätzlich Anspruch auf Lohnfortzahlung im Krankheitsfall und an Feiertagen, Sonderleistungen wie Weihnachts- und Urlaubsgeld sowie Gratifikationen, Urlaub und Beachtung der Kündigungsfristen sowie des Kündigungsschutzes. In der Praxis weichen Arbeitgeber und Arbeitnehmer häufig von diesen Regeln ab, ohne dass es dabei jedoch zu größeren Streitigkeiten kommt.

Überbetriebliches Ausgleichsverfahren

Arbeitgeber von kleinen Betrieben, die in der Regel nicht mehr als 30 Arbeitnehmer – ohne die zu ihrer Berufsbildung Beschäftigten – haben, können von der Deutschen Rentenversicherung Knappschaft-Bahn-See unter besonderen Voraussetzungen die teilweise Erstattung der **Entgeltfortzahlungskosten** aus einem Sondervermögen verlangen. Alle Arbeitgeber erhalten von der Deutschen Rentenversicherung Knappschaft-Bahn-

See die Zuschüsse zum **Mutterschaftsgeld,** das bei Beschäftigungsverboten gezahlte Arbeitsentgelt und die vom Arbeitgeber zu tragenden Sozialversicherungsbeiträge aus einem Sondervermögen erstattet. Diese Sondervermögen werden bei der Deutschen Rentenversicherung Knappschaft-Bahn-See durch Umlagen gebildet.

Sonderfall der kurzfristigen Beschäftigung (z.B. Saisonarbeit, Urlaubsvertretung)

Sie liegt vor, wenn die **Beschäftigung nicht regelmäßig ausgeübt** wird, d.h. nicht von vornherein auf ständige Wiederholung gerichtet ist und nicht über einen längeren Zeitraum ausgeübt werden soll. Die Beschäftigung darf innerhalb eines Kalenderjahres **längstens drei Monate** oder **70 Arbeitstage** betragen. Dann besteht **Sozialversicherungsfreiheit.** Neben der Möglichkeit, den Arbeitslohn individuell zu versteuern, besteht weiterhin die Möglichkeit, den Arbeitslohn pauschal mit 25 % zu versteuern.

Sonderfall der so genannten Gleitzone

Für Beschäftigungen mit einem Arbeitsentgelt zwischen 450,01 € und 850 € monatlich steigt der **Arbeitnehmerbeitrag zur Sozialversicherung gestaffelt** von ca. 4 % bei 450,01 € bis auf den vollen Beitrag von ca. 21 % bei 850 € an. Der **Arbeitgeberbeitrag** bleibt gegenüber dem bisherigen Recht unverändert bei ca. 21 %. Die **Besteuerung** erfolgt in diesem Einkommensbereich **individuell.**

Muster

(Bei Anwendung des Musters ist zu prüfen, welche Vertragsbedingungen übernommen werden sollen. Gegebenenfalls sind Anpassungen und Ergänzungen zu empfehlen.)

Arbeitsvertrag für geringfügig Beschäftigte

Zwischen ………………………………………… (Arbeitgeber)

und Herrn/Frau ………………………………… (Arbeitnehmer/-in)

wird folgender Arbeitsvertrag geschlossen:

§1 Beginn des Arbeitsverhältnisses
Das Arbeitsverhältnis beginnt am ………………………

§2 Probezeit
Das Arbeitsverhältnis wird auf unbestimmte Zeit geschlossen. Die ersten sechs (*oder* drei Monate) Monate gelten als Probezeit. Während der Probezeit kann das Arbeitsverhältnis beiderseits mit einer Frist von zwei Wochen gekündigt werden.

oder

Dieser Vertrag wird auf die Dauer von sechs Monaten (*oder* drei Monaten) vom …… bis zum …… zur Probe abgeschlossen. Nach Ablauf dieser Befristung endet das Arbeitsverhältnis, ohne dass es einer Kündigung bedarf, wenn nicht bis zu diesem Zeitpunkt eine Fortsetzung des Arbeitsverhältnisses vereinbart wird. Innerhalb der Probezeit kann das Arbeitsverhältnis mit einer Frist von zwei Wochen gekündigt werden, unbeschadet des Rechts zur fristlosen Kündigung (befristetes Probearbeitsverhältnis).

§3 Tätigkeit
Der Arbeitnehmer wird als ………………………………………… eingestellt und vor allem mit folgenden Arbeiten beschäftigt:

…………………………………………………………………………………

(Bei der Angabe der Tätigkeiten empfiehlt sich keine zu starke Einengung, da bei einer Änderung, der Arbeitnehmer ansonsten zustimmen muss oder eine sozial gerechtfertigte Änderungskündigung auszusprechen ist.)

Er verpflichtet sich, auch andere Arbeiten auszuführen – auch an einem anderen Ort –, die seinen Vorkenntnissen und Fähigkeiten entsprechen. Dies gilt, soweit dies bei Abwägung der Interessen des Arbeitgebers und des Arbeitnehmers zumutbar und nicht mit einer Lohnminderung verbunden ist.

§4 Arbeitsvergütung

Der Arbeitnehmer erhält eine monatliche Bruttovergütung von .... € / einen Stundenlohn von .... €. In der monatlichen Bruttovergütung ist ein Anteil von 1/12 als monatliche anteilige Sonderzahlung enthalten. Damit sind die Ansprüche auf Urlaubs-, Weihnachtgeld oder sonstige Gratifikationen abgegolten.

§5 Arbeitszeit

Die regelmäßige wöchentliche Arbeitszeit beträgt .... Stunden. Beginn und Ende der täglichen Arbeitszeit richten sich nach der betrieblichen Einteilung.

§6 Weitere Beschäftigungen

Der Arbeitnehmer versichert, derzeit keine/folgende weitere Beschäftigungen/ selbstständige Tätigkeiten auszuüben:

Arbeitgeber: ....

Datum der Arbeitsaufnahme: ....

Entgelt pro Monat: ....

Bei Zusammenrechnung aller geringfügigen Beschäftigungen einschließlich dieser beträgt das Arbeitsentgelt nicht mehr als 450 € monatlich.

Vor Aufnahme jeder weiteren entgeltlichen Tätigkeit oder deren Änderung ist der Arbeitgeber über Arbeitszeit, -entgelt und -geber zu informieren.

Es wird ausdrücklich darauf hingewiesen, dass die Aufnahme weiterer Beschäftigungen oder deren Änderung zu einer umfassenden Sozialversicherungspflicht auch dieses Arbeitsverhältnisses führen kann. Der Arbeitgeber behält sich die Geltendmachung von Schadensersatzansprüchen vor, sofern ihm Nachteile auf Grund wahrheitswidriger Angaben des Arbeitnehmers über das Bestehen weiterer (geringfügiger) Beschäftigungen entstehen.

§7 Befreiung von der Rentenversicherungspflicht

Der Arbeitnehmer hat die Möglichkeit, sich jederzeit durch schriftliche Erklärung gegenüber dem Arbeitgeber von seiner Versicherungspflicht in der gesetzlichen Rentenversicherung befreien zu lassen. Der Verzicht kann nur für die Zukunft und im Falle der Ausübung mehrerer geringfügiger Beschäftigungen nur einheitlich für alle Beschäftigungen erklärt werden.

Die Befreiung hat für den Arbeitnehmer zur Folge, dass sein Eigenanteil von derzeit 3,7 % (Stand: 1.1.2015) an der Rentenversicherung entfällt, vom Arbeitgeber an ihn ausbezahlt wird und er nicht alle Ansprüche auf Leistungen der gesetzlichen Rentenversicherung erwirbt. Über die persönlichen Konsequenzen der Befreiung kann sich der Arbeitnehmer bei Deutschen Rentenversicherung beraten lassen.

§8 Lohnsteuer

Die Lohnsteuer wird in Höhe von zwei Prozent des Arbeitsentgelts vom Arbeitgeber pauschal entrichtet und vom Arbeitsentgelt einbehalten, wenn der Arbeitnehmer nicht durch Vorlage seiner Lohnsteuerkarte die völlige Steuerfreiheit nachweist. In dem Pauschalbetrag sind Kirchensteuer und Solidaritätszuschlag enthalten.

oder

Der Arbeitnehmer hat sich für die individuelle Lohnsteuer nach den elektronischen Lohnsteuerabzugsmerkmalen entschieden.

§9 Urlaub

Der Arbeitnehmer hat Anspruch auf einen gesetzlichen Mindesturlaub von derzeit 20 Arbeitstagen im Kalenderjahr – ausgehend von einer Fünf-Tage-Woche. Der Arbeitgeber gewährt zusätzlich einen vertraglichen Urlaub von weiteren ……… Arbeitstagen. Bei der Gewährung von Urlaub wird zuerst der gesetzliche Urlaub eingebracht.

Der Zusatzurlaub mindert sich für jeden vollen Monat, in dem der Arbeitnehmer keinen Anspruch auf Entgelt bzw. Entgeltfortzahlung hat oder bei Ruhen des Arbeitsverhältnisses um ein Zwölftel. Für den vertraglichen Urlaub gilt abweichend von dem gesetzlichen Mindesturlaub, dass der Urlaubsanspruch mit Ablauf des Übertragungszeitraums am 31.3. des Folgejahres auch dann verfällt, wenn er wegen Arbeitsunfähigkeit des Arbeitnehmers nicht genommen werden kann. Der gesetzliche Urlaub verfällt in diesem Fall erst 15 Monate nach Ende des Urlaubsjahres.

Bei Ausscheiden in der zweiten Jahreshälfte wird der Urlaubsanspruch gezwölftelt, wobei die Kürzung allerdings nur insoweit erfolgt, als dadurch nicht der gesetzlich vorgeschriebene Mindesturlaub unterschritten wird.

Bei Beendigung des Arbeitsverhältnisses sind verbleibende Urlaubsansprüche innerhalb der Kündigungsfrist abzubauen, soweit dies möglich ist.

Die rechtliche Behandlung des Urlaubs richtet sich im Übrigen nach den gesetzlichen Bestimmungen.

§10 Krankheit

Ist der Arbeitnehmer infolge unverschuldeter Krankheit arbeitsunfähig, so besteht Anspruch auf Fortzahlung der Arbeitsvergütung bis zur Dauer von sechs Wochen nach den gesetzlichen Bestimmungen. Die Arbeitsverhinderung ist dem Arbeitgeber unverzüglich mitzuteilen. Dauert die Arbeitsunfähigkeit länger als drei Kalendertage, hat der Arbeitnehmer eine ärztliche Bescheinigung über das Bestehen sowie deren voraussichtliche Dauer spätestens an dem auf den dritten Kalendertag folgenden Arbeitstag vorzulegen. Der Arbeitgeber ist berechtigt, die Vorlage der Arbeitsunfähigkeitsbescheinigung früher zu verlangen. Diese Nachweispflicht gilt auch nach Ablauf der sechs Wochen.

§11 Verschwiegenheitspflicht

Der Arbeitnehmer verpflichtet sich, während der Dauer des Arbeitsverhältnisses und auch nach Ausscheiden, über alle Betriebs- und Geschäftsgeheimnisse Stillschweigen zu bewahren.

Für jeden Fall der Zuwiderhandlung gegen diese Verpflichtung verpflichtet er sich eine Vertragsstrafe in Höhe einer Bruttomonatsvergütung zu zahlen. Die Geltendmachung eines weiteren Schadens bleibt dem Arbeitgeber vorbehalten.

§12 Vertragsstrafe

Der Arbeitnehmer verpflichtet sich für den Fall, dass er das Arbeitsverhältnis nicht vertragsgemäss antritt oder das Arbeitsverhältnis vertragswidrig beendet, dem Arbeitgeber eine Vertragsstrafe in höhe einer halben Bruttomonatsvergütung für einen Vertragsbruch bis zum Ende der Probezeit und einer Bruttomonatsvergütung nach dem Ende der Probezeit zu zahlen. Das Recht des Arbeitgebers, weitergehende Schadensersatzansprüche geltend zu machen, bleibt unberührt.

§13 Kündigung

Nach Ablauf der Probezeit beträgt die Kündigungsfrist vier Wochen zum 15. oder Ende eines Kalendermonats. Jede gesetzliche Verlängerung der Kündigungsfrist zugunsten des Arbeitnehmers gilt in gleicher Weise auch zugunsten des Arbeitgebers. Die Kündigung bedarf der Schriftform. Vor Antritt des Arbeitsverhältnisses ist die Kündigung ausgeschlossen.

Der Arbeitgeber ist berechtigt, den Arbeitnehmer bis zur Beendigung des Arbeitsverhältnisses freizustellen. Die Freistellung erfolgt unter Anrechnung der dem Arbeitnehmer eventuell noch zustehenden Urlaubsansprüche sowie eventueller Guthaben auf dem Arbeitszeitkonto. In der Zeit der Freistellung hat sich der Arbeitnehmer einen durch Verwendung seiner Arbeitskraft erzielten Verdienst auf den Vergütungsanspruch gegenüber dem Arbeitgeber anrechnen zu lassen.

Das Arbeitsverhältnis endet spätestens mit Ablauf des Monats, in dem der Arbeitnehmer das für ihn gesetzlich festgelegte Renteneintrittsalter vollendet hat.

§14 Verfall-/Ausschlussfristen

Die Vertragschliessenden müssen Ansprüche aus dem Arbeitsverhältnis innerhalb von drei Monaten (*oder:* sechs Monaten) nach ihrer Fälligkeit schriftlich geltend machen und im Falle der Ablehnung durch die Gegenseite innerhalb von weiteren drei Monaten einklagen.

Andernfalls erlöschen sie. Für Ansprüche aus unerlaubter Handlung verbleibt es bei der gesetzlichen Regelung.

§15 Zusätzliche Vereinbarungen

....

....

§16 Vertragsänderungen und Nebenabreden

Aus dem reinen einseitigen Verhalten des Arbeitgebers erwachsen dem Arbeitnehmer keine vertraglichen Rechtsansprüche, sofern nicht eine mündliche oder schriftliche einvernehmliche Vertragsänderung vorliegt (Ausschluss der betrieblichen Übung).

Sollten einzelne Bestimmungen dieses Vertrages unwirksam sein oder werden, wird hierdurch die Wirksamkeit des Vertrages im Übrigen nicht berührt.

Der Arbeitnehmer verpflichtet sich, dem Arbeitgeber unverzüglich über Veränderungen der persönlichen Verhältnisse wie Familienstand, Kinderzahl und Adresse Mitteilung zu machen.

....

Ort, Datum

....
Unterschrift Arbeitgeber   Unterschrift Arbeitnehmer/-in

■ Gratifikation

Die Gratifikation ist eine Zuwendung, die auf Grund eines besonderen Anlasses zusätzlich zur laufenden Arbeitsvergütung gezahlt wird.

Sie ist eine Anerkennung für geleistete Dienste und ein Anreiz für weitere Betriebstreue. Häufige Anlässe für die Zahlung einer Gratifikation sind: Weihnachten, Jubiläen und Urlaub.

Anspruch auf Gratifikation

Ein Anspruch des Arbeitnehmers auf Weihnachtsgeld, Urlaubsgeld oder eine andere Gratifikation ist gesetzlich nicht geregelt. Sie ist mithin eine **freiwillige Leistung** des Arbeitgebers, wenn der Arbeitnehmer keinen Anspruch aus folgenden Gründen hat:
- tarifvertragliche Regelung
- Betriebsvereinbarung zwischen Arbeitgeber und Betriebsrat
- einzelvertragliche Vereinbarung (z.B. 13. Monatsgehalt)
- mehrfache vorbehaltlose Gewährung der Gratifikation

Die Gerichte gestehen dem Arbeitnehmer nach einer dreimaligen ununterbrochenen freiwilligen Zahlung einen Anspruch auf die Gratifikation zu (sogenannte betriebliche Übung), wenn sie nicht durch ausdrücklichen Vorbehalt ausgeschlossen wurde.

> **Tipp:** *Der Arbeitgeber sollte sich bei jeder Zahlung der Gratifikation einen entsprechenden Text unterschreiben lassen:*

Muster

> „Die Gratifikation ist eine freiwillige einmalige Zahlung, auf die auch bei mehrfacher Gewährung kein Rechtsanspruch besteht."

Ausschluss des Gratifikationsanspruchs

Scheidet ein Arbeitnehmer aus dem Arbeitsverhältnis aus, so ist wie folgt zu unterscheiden:

- bei Tarifverträgen und Betriebsvereinbarungen richtet er sich nach den entsprechenden Regelungen
- wurde im Übrigen ein Stichtag (z.B. November) für die Auszahlung bestimmt, kann ein Anspruch auf Gratifikation ausgeschlossen werden, wenn ausdrücklich vereinbart wurde, dass der Arbeitnehmer sich im Zeitpunkt der Gratifikationszahlung im ungekündigten Arbeitsverhältnis befinden muss.

Muster

„Die Gratifikation ist ausgeschlossen, wenn das Arbeitsverhältnis am Auszahlungstag beendet oder gekündigt ist."

Rückforderung

Der Arbeitnehmer kann bei einer freiwillig gewährten Gratifikation nur durch eine sogenannte Rückzahlungsklausel verpflichtet werden, die Gratifikation zurückzuzahlen, wenn er vor einer bestimmten Frist aus dem Arbeitsverhältnis ausscheidet.

Tipp: *Ein entsprechender Passus über die Rückzahlungspflicht der Gratifikation sollte im Arbeitsvertrag enthalten sein.*

Muster

„Der Arbeitnehmer verpflichtet sich, die Gratifikation zurückzuzahlen, wenn er auf Grund eigener Kündigung oder aus einem von ihm zu vertretenden Grund bis zum 31.03. des auf die Auszahlung folgenden Kalenderjahres ausscheidet."

Über die Vereinbarung von Zahlungsvorbehalten wurden von den Gerichten folgende Grundsätze aufgestellt:
- unzulässig sind Rückzahlungsklauseln bei Gratifikationen bis zu 100 €,
- Gratifikationen über 100 € bis zur Höhe eines Monatsgehalts lassen Rückzahlungsklauseln mit einer Bindung bis zum 31.03. des Folgejahres zu,

- bei Gratifikationen von einem Monatsgehalt oder mehr ist eine Rückzahlungsklausel mit einer Bindung bis zum 30.06. des Folgejahres bzw. für den Fall, dass der Arbeitnehmer nicht über die folgenden drei Monate hinaus bis zum nächst zulässigen Kündigungstermin bleibt, zulässig.

Höhe der Gratifikation

Die Höhe einer freiwillig gewährten Gratifikation kann der Arbeitgeber nach freiem Ermessen bestimmen.

Der Arbeitgeber, der in seinem Betrieb nach von ihm gesetzten allgemeinen Regeln die Gratifikation gewährt, ist an den arbeitsrechtlichen **Gleichbehandlungsgrundsatz** gebunden.

Widerruf der Gratifikation

Nur wenn die bisherigen Zahlungen unter dem **Vorbehalt** des Widerrufs erfolgt sind und die **sachlichen Gründe** ausdrücklich genannt wurden, bei deren Vorliegen der Widerruf erfolgen sollte, ist der Widerruf zulässig und kann die künftige Zahlung der Gratifikation verweigert werden.

Muster

> „Die Gratifikation kann bei Vorliegen eines sachlichen Grundes, insbesondere bei schlechter wirtschaftlicher Lage sowie Gründen im Verhalten oder Person des Arbeitnehmers mit einer Frist von einem Monat widerrufen werden."

Kürzung der Gratifikation

Der Arbeitgeber kann die Gratifikation bei fehlender Arbeitsleistung des Arbeitnehmers nur kürzen, wenn dies vertraglich, tarifvertraglich oder durch Betriebsvereinbarung entsprechend geregelt wurde, und die Gratifikation reinen **„Gratifikationscharakter"** und keine Lohn- oder Lohnersatzfunktion hat. Hat sie hingegen **Vergütungscharakter** (z.B. 13. Gehalt), so muss die Gratifikation nicht gezahlt werden, wenn der Vergütungsbezug vorübergehend entfällt. Die Kürzung darf für jeden Tag der Arbeitsunfähigkeit in Folge Krankheit ein Viertel des Arbeitsentgeltes, das im Jahresdurchschnitt auf einen Arbeitstag entfällt, nicht überschreiten.

Zu den Fehlzeiten gehören z.B. unbezahlter Urlaub, lang andauernde Arbeitsunfähigkeit, Wehr- und Ersatzdienst, Elternzeit.

> **Formulierungsvorschlag einer Kürzungsregelung wegen Krankheit:**
> *„Die Gratifikation wird für jeden krankheitsbedingten Fehltag um ein Viertel des Arbeitsentgelts, das im Jahresdurchschnitt auf einen Arbeitstag entfällt, gekürzt."*
>
> **Formulierungsvorschlag einer Kürzungsregelung in sonstigen Fällen:**
> *„Die Gratifikation wird für Zeiten des Ruhens des Arbeitsverhältnisses (wie z.B. Elternzeit, Sonderurlaub, Wehr- bzw. Ersatzdienst) zeitanteilig gekürzt."*

K

 Krankheit

Die Krankheit des Arbeitnehmers hat im Arbeitsverhältnis mehrfache Bedeutung. Soweit die Krankheit zur Arbeitsunfähigkeit führt, hat der Arbeitnehmer Anspruch auf **Entgeltfortzahlung** in Höhe von 100 % bis zur Dauer von sechs Wochen nach Maßgabe der gesetzlichen Bestimmungen.

> **Beachte:** *Der Anspruch auf Entgeltfortzahlung entsteht jedoch erst nach vierwöchiger ununterbrochener Dauer des Arbeitsverhältnisses, wobei bereits die Zeit ab der vereinbarten Arbeitsaufnahme zu berücksichtigen ist.*

Anforderungen an die Entgeltfortzahlung

Die Entgeltfortzahlung hat zu erfolgen bei:
1. **Arbeitsunfähigkeit:** Eine solche liegt vor, wenn der Arbeitnehmer nicht oder doch nur mit der Gefahr, seinen Zustand zu verschlechtern, fähig ist, seiner Arbeit nachzukommen. In der Regel entscheidet der behandelnde Arzt, ob der Arbeitnehmer arbeitsunfähig ist.
2. **unverschuldeter** Arbeitsunfähigkeit: Bei leichter Fahrlässigkeit, wie sie erfahrungsgemäß jedem einmal unterlaufen kann – wie z.B. ein Sport- oder Verkehrsunfall – entfällt die Lohnfortzahlungspflicht nicht.

Bei groben Verstößen – wie z.B. gegen Verkehrsvorschriften (z.B. Trunkenheit, Wenden auf der Autobahn) – kann die Entgeltfortzahlung allerdings abgelehnt werden.

Arbeitsunfähigkeit durch Dritte verursacht

Bei Verursachung der Arbeitsunfähigkeit durch einen Dritten geht der Schadensersatzanspruch, den der Arbeitnehmer gegen den Dritten hat, kraft Gesetzes auf den Arbeitgeber in der Höhe über, in der dieser dem Arbeitnehmer Entgeltfortzahlung geleistet hat. Der Anspruch des Arbeitgebers gegen den Dritten umfasst dabei das Bruttoentgelt zuzüglich der Arbeitgeberanteile der Sozialversicherungsbeiträge. Der Arbeitnehmer ist verpflichtet, dem Arbeitgeber unverzüglich die zur Geltendmachung des Schadensersatzanspruches erforderlichen Auskünfte zu erteilen.

Höhe und Dauer des fortzuzahlenden Entgeltes

Bei Krankheit ist das Arbeitsentgelt fortzuzahlen, das dem Arbeitnehmer bei Ableistung der regelmäßigen Arbeitszeit zusteht. Der Anspruch besteht längstens bis zur Dauer von sechs Wochen. Danach zahlt die Krankenkasse **Krankengeld** in gekürzter Höhe.

> Beachte: Fortsetzungskrankheit
> *Erkrankt ein Arbeitnehmer innerhalb 12 Monaten mehrfach an derselben Krankheit und liegen zwischen diesen Erkrankungen keine sechs Monate der Arbeitsfähigkeit, werden die Arbeitsunfähigkeitszeiten zusammengerechnet, bis die Anspruchszeit von sechs Wochen verbraucht ist.*
> *Sind seit Beginn der ersten Arbeitsunfähigkeit infolge derselben Krankheit 12 Monate abgelaufen, so hat der Arbeitnehmer erneut einen Anspruch auf sechs Wochen Entgeltfortzahlung.*

Überbetriebliches Ausgleichsverfahren

Arbeitgeber von kleinen Betrieben, die in der Regel nicht mehr als 30 Arbeitnehmer – ohne die zu ihrer Berufsbildung Beschäftigten – haben, können von den Krankenkassen unter besonderen Voraussetzungen die teilweise Erstattung der Entgeltfortzahlungskosten aus einem Sondervermögen verlangen. Dieses Sondervermögen wird bei den gesetzlichen Krankenkassen durch Umlagen gebildet.

Lohnfortzahlung bei Kuren und Heilverfahren

Bei Kuren und Heilverfahren zur Erhaltung, Besserung oder Wiederherstellung der Erwerbsfähigkeit haben Arbeitnehmer einen Anspruch auf Gehaltsfortzahlung für sechs Wochen. Dieser Anspruch kann arbeitsvertraglich nicht ausgeschlossen werden.

Anzeige- und Nachweispflichten

Bei Erkrankung hat der Arbeitnehmer zwei Pflichten:

1. **Anzeigepflicht**: Der Arbeitnehmer muss dem Arbeitgeber seine **Arbeitsunfähigkeit unverzüglich mitteilen**. Dies bedeutet, dass die Information über die Erkrankung am ersten Tag der Erkrankung und zwar zu Arbeitsbeginn – noch vor beabsichtigtem Arztbesuch – bzw. in den ersten Arbeitsstunden zu erfolgen hat. Die Mitteilung muss nicht die Ursache der Krankheit enthalten, allerdings muss der Arbeitnehmer die voraussichtliche Dauer der Arbeitsunfähigkeit mitteilen.
2. **Nachweispflicht**: Dauert die Arbeitsunfähigkeit länger als drei Kalendertage, hat der Arbeitnehmer eine **ärztliche Bescheinigung** über das Bestehen der Arbeitsunfähigkeit sowie deren voraussichtliche Dauer spätestens an dem darauffolgenden Arbeitstag **vorzulegen**.

   Tipp: *Der Arbeitgeber ist berechtigt, die Vorlage der Bescheinigung* **früher** *zu verlangen. Diese Aufforderung bedarf keiner Begründung und kann auch bereits im Arbeitsvertrag vereinbart werden. Der Arbeitgeber ist auch berechtigt, den Arbeitnehmer sogleich nach Erhalt der unverzüglich erfolgten Mitteilung aufzufordern, sich die Arbeitsunfähigkeit von Anfang an – also einschließlich des ersten Tags – bescheinigen zu lassen und vorzulegen. Soweit das technisch möglich und zumutbar ist, muss die Bescheinigung auch noch am ersten Tag übergeben werden.*

   Beachte: *Teilt der Arbeitnehmer dem Arbeitgeber seine Arbeitsunfähigkeit nicht oder nicht rechtzeitig mit oder legt er die Bescheinigung nicht oder nicht rechtzeitig vor, ist der Arbeitgeber berechtigt, die Fortzahlung des Arbeitsentgeltes zu verweigern und ihn abzumahnen (→ Abmahnung).*

Dauert die Erkrankung über den zunächst angenommenen und mitgeteilten Zeitraum hinaus an, muss der Arbeitnehmer den Arbeitgeber über die Verlängerung der Krankheitsdauer unverzüglich informieren. Dauert die Arbeitsunfähigkeit länger als ursprünglich bescheinigt, hat der Arbeitnehmer eine neue Bescheinigung vorzulegen.

Beachte: *Der Arbeitnehmer ist auch nach dem Ende des Entgeltfortzahlungszeitraums noch zur Mitteilung gegenüber dem Arbeitgeber und zur Vorlage einer Bescheinigung verpflichtet.*

Zweifel an der Arbeitsunfähigkeit

Bestehen **begründete Zweifel an der Arbeitsunfähigkeit** des Arbeitnehmers, kann der Arbeitgeber verlangen, dass die Krankenkasse eine gutachtliche Stellungnahme des **Medizinischen Dienstes der Krankenversicherung** (§ 275 SGB V) zur Überprüfung der Arbeitsunfähigkeit einholt. Die Krankenkasse kann von einer Beauftragung des Medizinischen Dienstes nur absehen, wenn sich die medizinischen Voraussetzungen der Arbeitsunfähigkeit eindeutig aus den der Krankenkasse vorliegenden ärztlichen Unterlagen ergeben.

Zweifel an der Arbeitsunfähigkeit sind insbesondere in Fällen anzunehmen,
- in denen Versicherte auffällig häufig oder auffällig häufig nur für kurze Dauer arbeitsunfähig sind,
- der Beginn der Arbeitsunfähigkeit häufig auf einen Arbeitstag am Beginn oder am Ende einer Woche fällt **oder**
- die Arbeitsunfähigkeit von einem Arzt festgestellt worden ist, der durch die Häufigkeit der von ihm ausgestellten Bescheinigungen über Arbeitsunfähigkeit auffällig geworden ist.

Krankheit und Kündigung

Häufige oder längerfristige Arbeitsunfähigkeitszeiten können im Einzelfall eine → Kündigung rechtfertigen. Es gibt kein gesetzliches Verbot, einem kranken Arbeitnehmer zu kündigen.

Krankheit und Urlaub

Zu Erwerb, Übertragung und Verfall von Urlaub bei Krankheit → Urlaub.

■ Kündigung

Die Kündigung ist eine einseitige Erklärung einer der beiden Vertragsparteien, durch die das Arbeitsverhältnis sofort oder nach Ablauf der Kündigungsfrist beendet werden soll (im Gegensatz zur → Änderungskündigung).

Anders als beim Aufhebungsvertrag und beim befristeten Arbeitsverhältnis kommt es hier nicht darauf an, ob die andere Vertragspartei mit der Beendigung des Arbeitsverhältnisses einverstanden ist. Der **Zugang der Kündigung** reicht vielmehr aus.

Kündigungserklärung

Form
Die Kündigung muss **schriftlich** erfolgen. Wird die Kündigung nicht schriftlich mitgeteilt, ist sie unwirksam. Mündlich, per Telefax, per E-Mail etc. ausgesprochene Kündigungen beenden das Arbeitsverhältnis nicht.

> **Tipp:** *Aus Beweisgründen ist zu empfehlen, sich den Empfang des Kündigungsschreibens gesondert schriftlich bestätigen zu lassen.*

Zeit: Mit dem **Zugang der Kündigungserklärung** beginnt die **Kündigungsfrist** zu laufen.
- Unter Anwesenden ist die Kündigung bereits mit Erklärung zugegangen.
- Unter Abwesenden (z.B. Kündigungsbrief per Post) ist die Kündigung erst zugegangen, wenn sie so in den Einflussbereich des Kündigungsempfängers gelangt ist, dass er unter normalen Verhältnissen von ihr Kenntnis nehmen kann (Beispiel: Eine am Abend in den Briefkasten eingeworfene Kündigungserklärung geht erst mit dem nächsten Tag, an dem üblicherweise der Briefkasten geleert wird, zu).

Einschreibebriefe gehen erst mit Aushändigung durch die Post zu, also noch nicht, wenn ein Benachrichtigungsschein in den Briefkasten geworfen wurde. Der Zugang kann dadurch erheblich verzögert werden. Das Einwurfeinschreiben ist aus diesem Grunde dem Einschreiben mit Rückschein vorzuziehen, um die Einhaltung der Fristen zu gewährleisten.

> **Tipp:** *Wesentlich sicherer ist es, den Brief durch einen* **Boten** *überreichen oder in den Briefkasten des Empfängers werfen zu lassen. Aus Beweisgründen sollte ein* **Zeuge** *dabei sein. Das Einwurfeinschreiben ist aus diesem Grunde dem Einschreiben mit Rückschein vorzuziehen, um die Einhaltung der Fristen zu gewährleisten.*

Inhalt
Die Kündigungserklärung muss deutlich und zweifelsfrei sein. Unklarheiten gehen zu Lasten des Kündigenden. Der Zeitpunkt, zu dem das Arbeitsverhältnis enden soll, muss eindeutig angegeben werden. Ansonsten ist von einer ordentlichen Kündigung zum nächstmöglichen Termin auszugehen.

Gründe
Aus Arbeitgebersicht ist in der Regel empfehlenswert, den Kündigungsgrund im Kündigungsschreiben nicht mit anzugeben. Dazu besteht zum einen keine Notwendigkeit, zum anderen läuft der Arbeitgeber Gefahr, an den mitgeteilten Kündigungsgründen festgehalten zu werden. Auf Verlangen muss dem Arbeitnehmer jedoch der Grund zur außerordentlichen Kündigung bzw. die Gründe der sozialen Auswahl mitgeteilt werden. Und spätestens im Kündigungsschutzverfahren muss der Kündigungsgrund dargelegt und bewiesen werden (→ Kündigungsschutz).

Wichtig
Entgegen einer in der betrieblichen Praxis häufig anzutreffenden Ansicht kann einem Arbeitnehmer auch **während einer Krankheit** gekündigt werden. Eine **Kündigung wegen Krankheit** ist hingegen nur bei Vorliegen bestimmter Voraussetzungen zulässig (→ Kündigungsschutz).

> *Beachte: Der Betriebsrat ist vor jeder Kündigung zu hören. Eine ohne Anhörung des Betriebsrates ausgesprochene Kündigung ist grundsätzlich unwirksam. Der Arbeitgeber hat den Betriebsrat über die Person des zu Kündigenden, über die Art der Kündigung sowie die Kündigungsgründe umfassend zu informieren. Hat der Betriebsrat gegen eine ordentliche Kündigung Bedenken, so hat er dies schriftlich unter Angabe der Gründe dem Arbeitgeber spätestens innerhalb einer Woche (innerhalb drei Tagen bei außerordentlicher Kündigung) mitzuteilen, andernfalls gilt seine Zustimmung als erteilt. Verweigert der Betriebsrat seine Zustimmung, besteht dennoch die Möglichkeit zur Kündigung.*

Meldepflicht des Arbeitnehmers/Aufklärungspflichten des Arbeitgebers

Der **Arbeitnehmer** ist verpflichtet, sich frühzeitig bei der Agentur für Arbeit arbeitssuchend zu melden. Die **Meldung** hat unverzüglich nach Kenntnis von der Beendigung des Arbeitsverhältnisses zu erfolgen, spätestens jedoch drei Monate vor dem vorgesehenen Beendigungszeitpunkt. Liegen zwischen dem Zeitpunkt der Kenntnis des Beendigungszeitpunkts und der Beendigung weniger als drei Monate, hat die Arbeitslosmeldung innerhalb von drei Tagen zu erfolgen. Ein Verstoß gegen die Meldepflicht kann die Verhängung einer einwöchigen Sperrzeit beim Arbeitslosengeld zur Folge haben.

Der **Arbeitgeber** hat den Arbeitnehmer frühzeitig über diese Meldepflicht und die Notwendigkeit eigener Aktivitäten bei der Suche nach einer anderen Beschäftigung zu **informieren**.

Arten der Kündigung

	Ordentliche Kündigung	Außerordentliche Kündigung
Kündigungsfristen	gesetzliche vertragliche tarifvertragliche	keine
Kündigungsgründe	personen-, verhaltens- oder betriebsbedingter Art	personen- oder verhaltensbedingter Art

1. Die ordentliche Kündigung

Eine ordentliche Kündigung ist sozusagen die „normale" Kündigung bei Arbeitsverhältnissen, die auf unbestimmte Zeit eingegangen wurden. Sie kann nur zu bestimmten Terminen unter **Einhaltung bestimmter Fristen** erfolgen.

Die **Kündigungsfristen** können festgelegt sein durch
- **Einzelarbeitsvertrag**
  Grundsätzlich unterliegen die **Kündigungsfristen** der freien Vereinbarung der Vertragspartner. Es können **längere** als die im Gesetz verankerten Kündigungsfristen vereinbart werden. Die Vereinbarung **kürzerer** Kündigungsfristen ist jedoch nur in den Fällen zulässig, die im Gesetz genannt sind. Und für die Kündigung durch den Arbeitnehmer darf keine längere Frist vereinbart werden als für die Kündigung durch den Arbeitgeber.
- **Tarifvertrag oder Betriebsvereinbarung**
  Durch Tarifvertrag können die Kündigungsfristen sowohl verkürzt als auch verlängert werden. Damit soll den besonderen Erfordernissen der einzelnen Branchen

Rechnung getragen werden.
- **Gesetz**
Gesetzliche Kündigungsfristen für gewerbliche Arbeitnehmer und Angestellte:
  – Kündigungsfrist während der **Probezeit** (bis sechs Monate): zwei Wochen
  – **Grundkündigungsfrist:** vier Wochen zum 15. oder Monatsende

Beachte: *Die* Kündigungsfristen *werden wie folgt* berechnet: *Der Tag, an dem gekündigt wird, ist nicht in die Frist mit einzubeziehen. Die Frist beginnt also erst am folgenden Tag zu laufen. Ist der letzte Tag, an dem gekündigt werden kann, ein Samstag, Sonntag oder gesetzlicher Feiertag, so ändert sich an dieser Berechnung der Frist nichts.*

Beachte: *Diese Kündigungsfrist ist deutlich zu trennen von der Erklärungsfrist bei ordentlichen Kündigungen. Eine* **Kündigungserklärungsfrist,** *d.h. eine gesetzliche Ausschlussfrist für den Ausspruch einer ordentlichen Kündigung gibt es zwar nicht. Erfährt ein Arbeitgeber jedoch von Umständen, die ihn zur Kündigung berechtigen, sollte er nicht lange warten, sondern möglichst umgehend seine Entscheidung bzgl. der weiteren Vorgehensweise treffen.*

Übersicht über die Termine, zu denen der Arbeitnehmer oder der Arbeitgeber bei Einhaltung der **Grundkündigungsfrist** kündigen muss:

Kündigung zum:	Zugang der Kündigung spätestens am:	Kündigung zum:	Zugang der Kündigung spätestens am:
15.01.	18.12.	15.07.	17.06.
31.01.	03.01.	31.07.	03.07.
15.02.	18.01.	15.08.	18.07.
28.02. (29.02.)	31.01. (01.02.)	31.08.	03.08.
15.03.	15.02.	15.09.	18.08.
31.03.	03.03.	30.09.	02.09.
15.04.	18.03.	15.10.	17.09.
30.04.	02.04.	31.10.	03.10.
15.05.	17.04.	15.11.	18.10.
31.05.	03.05.	30.11.	02.11.
15.06.	18.05.	15.12.	17.11.
30.06.	02.06.	31.12.	03.12.

Verkürzte Fristen: Bei Betrieben mit nicht mehr als 20 Arbeitnehmern (beachte: Teilzeitbeschäftigte zählen lediglich anteilig; siehe unten) kann die Grundkündigungsfrist für die ersten zwei Jahre des Bestehens des Arbeitsverhältnisses einzelvertraglich auf vier Wochen verkürzt werden. Anschließend greifen die gesetzlich gestaffelten Kündigungsfristen, siehe Tabelle. Bei bis zu dreimonatigen → Aushilfsarbeitsverhältnissen kann sogar eine noch kürzere Frist bishin zur Fristlosigkeit vereinbart werden.

Verlängerte Fristen (gelten grundsätzlich nur für Arbeitgeberkündigungen und unabhängig von der Zahl der beschäftigten Arbeitnehmer; die Verlängerung tritt ein, sobald die betreffende Anzahl der Jahre vor dem Zugang der Kündigung erreicht ist) siehe Tabelle.

> **Beachte:** *Die deutsche Vorschrift, die vorsieht, dass* **Beschäftigungszeiten vor Vollendung des 25. Lebensjahres** *bei der Berechnung der gestaffelten Kündigungsfristen unberücksichtigt bleiben, ist vom Europäischen Gerichtshof für europarechtswidrig erklärt worden. Die Vorschrift stellt eine nicht gerechtfertigte Altersdiskriminierung jüngerer Arbeitnehmer dar (→ Allgemeines Gleichbehandlungsgesetz). Arbeitgeber haben damit die vom Arbeitnehmer zurückgelegte Betriebszugehörigkeit in vollem Umfang zu berücksichtigen, gleichgültig in welchem Alter der Arbeitnehmer in das Unternehmen eingetreten ist.*

Betriebszugehörigkeit	Kündigungsfrist		
2 Jahre	1		
5 Jahre	2		Monat(e)
8 Jahre	3		zum
10 Jahre	4		Monats-
12 Jahre	5		ende
15 Jahre	6		
20 Jahre	7		

Beachte: *Der Zeitraum, in dem sich ein Arbeitnehmer in Elternzeit, Grundwehrdienst oder Wehrübungen befindet, wird auf die* **Betriebszugehörigkeit** *angerechnet. Auch ein Berufsausbildungsverhältnis, aus dem der Auszubildende in ein Arbeitsverhältnis übernommen wurde, ist anzurechnen.*

Muster

> „Sehr geehrte/r Frau/Herr ....,
> wir kündigen das mit Ihnen bestehende Arbeitsverhältnis fristgerecht zum
> .... (*Eventuell eine kurze Angabe von Gründen einfügen:* „Die Kündigung erfolgt aus verhaltensbedingten/personenbedingten/betriebsbedingten Gründen.").
> Bitte bestätigen Sie uns durch Ihre Unterschrift auf dem beigefügten Doppel dieses Schreibens den Erhalt der Kündigung.
> Zur Aufrechterhaltung ungekürzter Ansprüche auf Arbeitslosengeld sind Sie verpflichtet, sich unverzüglich nach Erhalt der Kündigung persönlich bei der Agentur für Arbeit arbeitsuchend zu melden. Weiterhin sind Sie verpflichtet, aktiv nach einer Beschäftigung zu suchen."

2. Die außerordentliche (fristlose) Kündigung

Eine außerordentliche Kündigung ist eine Kündigung, die das Arbeitsverhältnis vorzeitig und **ohne** Beachtung der sonst geltenden **Kündigungsfristen** beendet.

Sie ist in der Regel **fristlos,** muss es aber nicht sein, weil der Kündigende auch bei einer außerordentlichen Kündigung eine gewisse Frist einräumen kann. Darauf muss er dann besonders hinweisen, um den Eindruck zu vermeiden, es handelt sich um eine ordentliche Kündigung.

Die außerordentliche Kündigung ist jedoch nur in Ausnahmefällen zulässig. Voraussetzung ist, dass ein **wichtiger Grund** vorliegt.

Ein wichtiger Grund ist jeder Grund, der dem Kündigenden die Fortsetzung des Arbeitsverhältnisses bis zum nächsten ordentlichen Kündigungstermin **unzumutbar** macht.

Beispiele für **anerkannte Gründe:**
- beharrliche Arbeitsverweigerung,
- Beleidigung von Vorgesetzten oder Arbeitgeber,
- Diebstahl, Unterschlagung,
- eigenmächtiger Urlaubsantritt,

- Führerscheinentzug, wenn vereinbarte Arbeit nicht mehr geleistet werden kann und anderweitige Beschäftigung nicht möglich ist,
- Androhung von Krankheit als Druckmittel.

Wichtig: *Die Kündigung ist nicht unbeschränkt möglich. Sie muss innerhalb von* **zwei Wochen***, nachdem der Kündigungsberechtigte von den für die Kündigung maßgebenden Tatsachen Kenntnis erlangt, erfolgen.*

Muster

„Sehr geehrte/r Frau/Herr ....,
hiermit kündigen wir Ihr Arbeitsverhältnis außerordentlich fristlos, hilfsweise fristgemäss zum nächst zulässigen Zeitpunkt.

Bitte bestätigen Sie uns durch Ihre Unterschrift auf dem beigefügten Doppel dieses Schreibens den Erhalt der Kündigung.

Zur Aufrechterhaltung ungekürzter Ansprüche auf Arbeitslosengeld sind Sie verpflichtet, sich unverzüglich nach Erhalt der Kündigung persönlich bei der Agentur für Arbeit arbeitssuchend zu melden. Weiterhin sind Sie verpflichtet, aktiv nach einer Beschäftigung zu suchen."

3. Sonderfall: Die → Änderungskündigung

Checkliste
Vor Ausspruch der Kündigung sollten zweckmäßigerweise folgende Fragen geprüft werden:
1. Kann der Arbeitsvertrag gekündigt werden?
2. Ist vor Kündigung eine Zustimmung oder Anzeige erforderlich?
   (→ Mutterschutz, Schwerbehinderte)
3. Ist ein Grund für die Kündigung notwendig?
4. Innerhalb welcher Frist muss/kann die Kündigung ausgesprochen werden?
5. Ist der Betriebsrat vor der Kündigung anzuhören?
6. Gibt es ein „milderes Mittel": z.B. Abmahnung, ordentliche statt außerordentliche Kündigung (Verhältnismäßigkeitsgrundsatz!)

Kündigungsschutz

Der **allgemeine Kündigungsschutz** gilt für alle Arbeitnehmer, die unter den Geltungsbereich des **Kündigungsschutzgesetzes** fallen. Hier haben sich die Voraussetzungen für nach dem **31.12.2003** begründete Arbeitsverhältnisse geändert: **Für die bis zu diesem Zeitpunkt bereits begründeten Arbeitsverhältnisse** findet das Kündigungsschutzgesetz wie bisher Anwendung auf Arbeitsverhältnisse im Betrieb oder Unternehmen, die
a) **länger als sechs Monate** ohne Unterbrechung bestanden haben **und**
b) dort **mehr als fünf Arbeitnehmer** (außer zur Berufsbildung Beschäftigten) beschäftigt worden sind. Bei der Feststellung der Zahl der beschäftigten Arbeitnehmer sind teilzeitbeschäftigte Arbeitnehmer mit einer regelmäßigen wöchentlichen Arbeitszeit von nicht mehr als 20 Stunden mit 0,5 und nicht mehr als 30 Stunden mit 0,75 zu berücksichtigen.

> **Beachte:** *Befindet sich ein Arbeitnehmer in* **Elternzeit***, wird nur dieser oder diese Elternzeitberechtigte* **oder** *die dafür eingestellte Ersatzkraft mitgerechnet.*

Für ab dem 31.12.2003 begründete Arbeitsverhältnisse gilt seit 01.01.2004 Folgendes: Unter den Geltungsbereich des Kündungsschutzgesetzes fallen die nach dem 31.12.2003 begründeten Arbeitsverhältnisse, soweit insgesamt **mehr als 10 Arbeitnehmer** (mit Ausnahme der zur Berufsbildung Beschäftigten; Teilzeitkräfte zählen wie oben ausgeführt anteilig) **länger als sechs Monate** ohne Unterbrechung in dem Betrieb oder Unternehmen beschäftigt sind. Umgekehrt bedeutet dies, dass dieser Kündigungsschutz nicht in Betrieben und Unternehmen gilt, in denen in der Regel zehn oder weniger Arbeitnehmer (mit Ausnahme der zu ihrer Berufsbildung Beschäftigten) beschäftigt werden, **soweit deren Arbeitsverhältnis nach dem 31.12.2003 begonnen hat**. Diese Arbeitnehmer sind bei der Feststellung der Zahl der beschäftigten Arbeitnehmer bis zur Beschäftigung von in der Regel 10 Arbeitnehmern nicht zu berücksichtigen.

> **Beachte:** *Entscheidend für den Stichtag 31.12.2003 ist dabei nicht das Datum der Neueinstellung, sondern der* **vereinbarte Beginn des Arbeitsverhältnisses***, der nach dem 31.12.2003 liegen muss.*

Waren also schon vor dem 01.01.2004 mehr als fünf Arbeitnehmer aber weniger als 10 Mitarbeiter beschäftigt und werden nun neue Mitarbeiter eingestellt, ohne dabei die Höchstgrenze von 10 Mitarbeitern zu überschreiten, so behält jeder Mitarbeiter, der bereits vor dem 01.01.2004 beschäftigt gewesen ist und Kündigungsschutz genossen hat, diesen Status bei. Neu eingestellte Mitarbeiter müssen hingegen auf den gesetzlichen Kündigungsschutz verzichten. Wird die Höchstgrenze von 10 Mitarbeitern (Ausnahme die zur Berufsbildung Beschäftigten) überschritten, so unterliegen alle Mitarbeiter dem Kündigungsschutz.

> **Beachte:** *Neben dem allgemeinen Kündigungsschutz besteht für einzelne Arbeitnehmergruppen noch ein* **besonderer Kündigungsschutz:** *u.a.* → *Elternzeit,* → *Mutterschutz,* → *Schwerbehinderte,* → *Pflegezeit,* → *Familienpflegezeit, Auszubildende ausserhalb der Probezeit, politische Mandatsträger, Betriebsratsmitglieder, Schwerbehindertenvertretung, einzelne Betriebsbeauftragte (beispielsweise Datenschutzbeauftragte).*

Ein Arbeitnehmer muss innerhalb von drei Wochen nach Zugang der Kündigung Klage beim Arbeitsgericht auf Feststellung erheben, dass das Arbeitsverhältnis nicht aufgelöst ist (→ Abfindung). Dies setzt voraus, dass die Kündigung sozial ungerechtfertigt oder aus anderen Gründen rechtsunwirksam ist. Die **dreiwöchige Klagefrist** beginnt mit **dem Zugang der Kündigung,** nicht mit dem Ablauf der Kündigungsfrist.

Zweck des Kündigungsschutzgesetzes ist es, **sozial ungerechtfertigte Kündigungen zu verhindern.**

Personenbedingte Gründe

Dieses sind solche Gründe, die objektiv vorliegen, ohne dass der Arbeitnehmer dafür verantwortlich gemacht zu werden braucht.

Beispiele
- mangelnde Eignung,
- abnehmende Leistungsfähigkeit,
- fehlende Anpassungsfähigkeit,
- dauernde Unmöglichkeit der Leistungserbringung,
- häufige oder langandauernde Krankheit.

> **Beachte:** *Eine* **langanhaltende Krankheit** *setzt eine ununterbrochene Arbeitsunfähigkeit von ein bis eineinhalb Jahren in der Vergangenheit voraus.* **Häufige Kurzerkrankungen** *sind regelmäßig bei Fehlzeiten von 20 bis 25% in einem Zeitraum von über drei Jahren hintereinander anzunehmen.*

An eine **Kündigung wegen Krankheit** (nicht: → Kündigung während Krankheit) werden strenge Anforderungen gestellt:
1. Der Arbeitnehmer war in der Vergangenheit langfristig oder über das übliche Durchschnittsmaß kurzfristig erkrankt.
2. Bei vorausschauender Betrachtungsweise ist auch in der Zukunft mit langfristigen bzw. vielen Kurzerkrankungen zu rechnen (hier bedarf es eines ärztlichen Attestes).
3. Infolge der Erkrankung kommt es zu erheblichen betrieblichen Störungen und wirtschaftlichen Belastungen.

Bei der ordentlichen Kündigung wegen Dauererkrankung sind die Interessen im Einzelfall abzuwägen. Der Arbeitgeber muss zunächst durch zumutbare anderweitige Maßnahmen, wie z.B. Einstellung einer Aushilfskraft, vorübergehende Umorganisation, zeitweilige Organisationsänderung im Arbeitsablauf, vorübergehende Einführung von Mehrarbeit, die Zeit eines krankheitsbedingten Arbeitsausfalls überbrücken.

Ähnliche Voraussetzungen werden an **alkoholabhängige** oder **sonstige Suchtkrankheiten** gestellt. Der Arbeitgeber hat dem alkoholkranken Arbeitnehmer vor Ausspruch einer Kündigung die Teilnahme an einer Entziehungskur zu ermöglichen, wenn der betroffene Arbeitnehmer schon langjährig beschäftigt ist und es sich um die erste Heilbehandlung handelt. Darüber hinaus besteht auch die Möglichkeit, den alkoholisierten Arbeitnehmer vom Arbeitsplatz zu entfernen, ihn auf seine Kosten nach Hause zu schicken und ihm ggf. das Arbeitsentgelt zu kürzen.

Verhaltensbedingte Gründe

Der Arbeitnehmer hat gegen eine Vertragspflicht verstoßen.

Beispiele
- ständiges Zuspätkommen
- unterlassene oder unberechtigte Krankmeldung
- wiederholte Verstöße gegen betriebliches Alkoholverbot
- private, unerlaubte Telefonbenutzung für Ferngespräche

> **Beachte:** *Vor Ausspruch der Kündigung ist der Arbeitnehmer regelmäßig abzumahnen (→* **Abmahnung***).*

Zur Thematik der Sperrzeit beim Arbeitslosengeld → Aufhebungsvertrag/Hinweispflichten des Arbeitgebers.

Betriebsbedingte Gründe

Eine Kündigung kann **sozial gerechtfertigt** sein, wenn **dringende betriebliche Gründe** vorliegen, die einer **Weiterbeschäftigung** des Arbeitnehmers entgegenstehen.

Voraussetzung ist zunächst eine **unternehmerische Entscheidung,** die zum Wegfall eines Arbeitsplatzes führt.

Beispiele
- Rationalisierung
- Betriebsteilstilllegung
- Umsatzrückgang

Die **betrieblichen Gründe** sind dann **dringend,** wenn es im Interesse des Betriebs und unter Abwägung der beiderseitigen Interessen bei vollständiger Würdigung wirklich notwendig, billigenswert und angemessen erscheint, das Arbeitsverhältnis zu kündigen und es dem Arbeitgeber nicht möglich ist, der betrieblichen Lage durch andere Maßnahmen auf technischem, organisatorischem oder wirtschaftlichem Gebiet als durch Kündigung zu entsprechen (z.B. Versetzung auf einen anderen freien, gleichwertigen Arbeitsplatz im Betrieb).

Wichtig ist hierbei, dass das Unternehmen eine umfassende **Interessenabwägung** unter den einzelnen Arbeitnehmern vornimmt.

Die **Sozialauswahl** erfolgt in **drei Schritten:**
1. Ermittlung des Kreises der Arbeitnehmer, die in die Sozialauswahl einzubinden sind. Dazu gehören alle Mitarbeiter, die
    - mindestens sechs Monate im Betrieb beschäftigt sind,
    - deren Kündbarkeit durch Gesetz oder Vertrag nicht ausgeschlossen ist,
    - die eine vergleichbare Tätigkeit ausüben.
2. Prüfung, wen die Kündigung am wenigsten hart trifft. Auswahlkriterien sind u.a.:
    - Dauer der **Betriebszugehörigkeit,**
    - **Lebensalter,**
    - **Unterhaltspflichten,**
    - eventuelle **Schwerbehinderung** des Arbeitnehmers
3. Untersuchung, ob betriebstechnische, wirtschaftliche oder sonstige betriebliche Bedürfnisse die Weiterbeschäftigung erforderlich machen und damit der Sozialauswahl entgegenstehen.

Beispiele
- Kontakte zu Kunden oder Lieferanten,
- Springer,
- Facharbeiter, der auch Hilfsarbeiten mit verrichtet.

In die soziale Auswahl sind solche Arbeitnehmer nicht einzubeziehen, deren Weiterbeschäftigung, insbesondere wegen ihrer Kenntnisse, Fähigkeiten und Leistungen oder zur Sicherung einer ausgewogenen Personalstruktur des Betriebes, im berechtigten betrieblichen Interesse liegt (sog. **Leistungsträgerklausel**).

Bisher galt, dass betriebstechnische, wirtschaftliche oder sonstige berechtigte betriebliche Bedürfnisse die Weiterbeschäftigung einzelner Arbeitnehmer bedingen und damit die Sozialauswahl entgegenstehen konnten.

Dem Arbeitnehmer sind auf sein Verlangen die Gründe anzugeben, die zu einer sozialen Auswahl bei der Kündigung geführt haben.

M

Mindestlohn

Zum 1. Januar 2015 tritt in Deutschland ein flächendeckender gesetzlicher Mindestlohn in Kraft. Er beträgt zunächst **8,50 Euro pro Stunde**. Grundsätzlich gilt der Mindestlohn für alle in Deutschland tätigen Arbeitnehmer über 18 Jahren **in allen Branchen und Regionen**.

> **Beachte:** *Anpassungen sollen ab 1. Januar 2017 alle zwei Jahre durch die sogenannte Mindestlohnkommission beraten und beschlossen werden.*

Folgende **Ausnahmen und Übergangsregelungen** wurden beschlossen:
- **Auszubildende** sind vom Mindestlohn ausgenommen.
- **Jugendliche** unter 18 Jahre ohne Berufsabschluss sind vom Mindestlohn ausgenommen.
- **Langzeitarbeitslose** (zwölf Monate oder länger) können für die ersten sechs Monate abweichend vom Mindestlohn beschäftigt werden.
- Personen, die ein **Ehrenamt** inne haben, erhalten keinen Mindestlohn.
- **Praktikanten** sind dann vom Mindestlohn ausgenommen, wenn sie ein Pflichtpraktikum im Rahmen von Schule, Ausbildung oder Studium absolvieren. Freiwillige Praktika während Studium oder Ausbildung sind für drei Monate ausgenommen, ebenso freiwillige Praktika, die zur Orientierung bei der Berufs- oder Studienwahl dienen.
- Auch **Praktikanten**, die an einer Einstiegsqualifizierung (§ 54 a des Dritten Sozialgesetzbuches) teilnehmen, fallen nicht unter den Anwendungsbereich des Gesetzes. Speziell für Unternehmen, die Praktikanten beschäftigen, sind die dort geltenden Regelungen ausführlich zusammengefasst: www.ihk-praktikumsportal.de/mindestlohn.
- Der Mindestlohn gilt ab 1. Januar 2015 auch für **Saisonarbeiter**. Allerdings wird die bestehende Möglichkeit der kurzfristigen sozialabgabenfreien Beschäftigung von 50 auf 70 Tage ausgedehnt (befristet auf vier Jahre).
- Für **Zeitungszusteller** gilt eine stufenweise Einführung des Mindestlohns: ab 1. Januar 2015 mindestens 75 %, ab 1. Januar 2016 mindestens 85 %, ab 1. Januar 2017 bekommen sie 8,50 Euro, ab 1. Januar 2018 gilt der dann beschlossene Mindestlohn.

- **Branchenbezogene Abweichungen** vom Mindestlohn sind bis zum 31. Dezember 2017 möglich. Voraussetzung dafür ist ein allgemein verbindlicher Branchenmindestlohn nach dem Arbeitnehmer-Entsendegesetz oder dem Arbeitnehmerüberlassungsgesetz.

Weitere Informationen sind zu finden unter www.der-mindestlohn-kommt.de mit einer Broschüre und einem ausführlichen Frage-und-Antwort-Katalog.

Mutterschutz

Die gesetzliche Grundlage des heutigen Mutterschutzes ist vor allem das **Mutterschutzgesetz**. Es gilt für alle schwangeren Frauen, die in einem Arbeitsverhältnis stehen.

Der Mutterschutz findet keine Anwendung auf sonstige Beendigungsmöglichkeiten des Arbeitsverhältnisses wie beispielsweise:
- wirksame Befristung des Arbeitsvertrages,
- Anfechtung des Arbeitsvertrages,
- Aufhebungsvertrag,
- Kündigung durch die Schwangere.

Mitteilungs- und Benachrichtigungspflichten

Werdende Mütter sollen dem **Arbeitgeber** ihre Schwangerschaft und den mutmaßlichen Tag der Entbindung mitteilen, sobald ihnen ihr Zustand bekannt ist. Ausreichend ist die **Mitteilung,** dass wahrscheinlich eine Schwangerschaft bestehe. Es handelt sich aber nur um eine gesetzliche Empfehlung, damit der Arbeitgeber von diesem Zeitpunkt an die Schutzbestimmungen beachten kann. Eine Verpflichtung zur Mitteilung kann sich aus der Treuepflicht ergeben, wenn erhebliche berechtigte Interessen des Arbeitgebers betroffen sind (z.B. die Mitarbeiterin hat Führungsposition inne, die eine längere Einarbeitung der Vertretung notwendig macht). Aus der Nichtbenachrichtigung kann der Arbeitgeber im allgemeinen aber keine Rechtsfolgen herleiten. Im Einzelfall können sich allerdings aus einer schuldhaft verspäteten oder völligen Unterlassung der Mitteilung Schadensersatzpflichten ergeben. Es steht dem Arbeitgeber frei, von der Arbeitnehmerin die Vorlage eines entsprechenden Attestes eines Arztes oder einer Hebamme zu verlangen.

Von der Mitteilung der Arbeitnehmerin, dass sie werdende Mutter ist, hat der **Arbeitgeber** unverzüglich die **Aufsichtsbehörde** zu **benachrichtigen,** damit diese die Einhaltung der mutterschutzrechtlichen Vorschriften überwachen kann.

Der Arbeitgeber darf Dritte über die ihm mitgeteilte Schwangerschaft nur unterrichten, wenn dies im Interesse der Arbeitnehmerin erforderlich ist. Hat die Arbeitnehmerin ihren Zustand selbst im Betrieb bekanntgemacht, ist auch der Arbeitgeber nicht mehr an seine Schweigepflicht gebunden.

Gesundheitsschutz

Generell ist die Beschäftigung werdender Mütter mit schweren körperlichen Arbeiten und mit Arbeiten verboten, bei denen sie schädlichen Einwirkungen von gesundheitsgefährdenden Stoffen oder Strahlen, von Staub, Gasen oder Dämpfen, von Hitze, Kälte oder Nässe, Erschütterungen oder Lärm ausgesetzt sind.

Allgemeine Beschäftigungsverbote

In den letzten **sechs Wochen vor der Entbindung** darf eine werdende Mutter auch ohne Vorlage eines ärztlichen Zeugnisses nicht beschäftigt werden (absolutes Beschäftigungsverbot), außer sie erklärt sich in einer jederzeit widerruflichen Erklärung ausdrücklich mit der Beschäftigung einverstanden.

Nach der Entbindung dürfen Frauen bis zum Ablauf von **8 Wochen,** bei Früh- oder Mehrlingsgeburten bis zum Ablauf von 12 Wochen nicht beschäftigt werden. Auf dieses Beschäftigungsverbot nach der Entbindung kann nicht verzichtet werden.

> **Tipp:** *Wenn der Arbeitgeber zur Vertretung eines Arbeitnehmers für die Dauer eines Beschäftigungsverbotes eine Ersatzkraft einstellt, liegt ein sachlicher Grund für ein* → *befristetes Arbeitsverhältnis vor.*

Individuelle Beschäftigungsverbote

Im Einzelfall kann die Beschäftigung einer Schwangeren schon vor diesem Zeitraum verboten sein, wenn nach ärztlichem Zeugnis Leben oder Gesundheit von Mutter und

Kind bei Fortdauer der Beschäftigung gefährdet sind. Dies kann sich sowohl auf bestimmte Tätigkeiten beziehen als auch generell sein. Notwendig ist stets das Vorliegen eines **ärztlichen Attests**.

Überbetriebliches Ausgleichsverfahren

Alle Arbeitgeber erhalten von den Krankenkassen die Zuschüsse zum Mutterschaftsgeld, das bei Beschäftigungsverboten gezahlte Arbeitsentgelt und die vom Arbeitgeber zu tragenden Sozialversicherungsbeiträge aus einem Sondervermögen erstattet. Dieses Sondervermögen wird bei den gesetzlichen Krankenkassen durch Umlagen gebildet.

Arbeitsplatzschutz

Während der Schwangerschaft und bis zum Ablauf von **vier Monaten nach der Entbindung** darf das Arbeitsverhältnis **nicht durch den Arbeitgeber gekündigt** werden. In besonderen Fällen kann die für den Arbeitsschutz zuständige oberste Landesbehörde oder die von ihr bestimmte Stelle die Kündigung ausnahmsweise für zulässig erklären. Der Arbeitgeber muss im Zeitpunkt der Kündigung Kenntnis von der Schwangerschaft haben oder ihm muss diese Kenntnis innerhalb von zwei Wochen nach Zugang der Kündigung vermittelt werden.

N

■ Nebentätigkeit

Unter Nebentätigkeit ist jede Tätigkeit zu verstehen, in der der Arbeitnehmer außerhalb seines Hauptarbeitsverhältnisses seine Arbeitskraft zur Verfügung stellt.

Der Arbeitnehmer darf grundsätzlich mehrere Arbeitsverhältnisse abschließen oder nebenbei selbstständig tätig sein, solange sich diese Tätigkeiten nicht zeitlich überschneiden und folgende Voraussetzungen erfüllt sind:

- Der Arbeitnehmer hat sich nicht gegenüber dem Arbeitgeber verpflichtet, vor Aufnahme einer Nebentätigkeit den Arbeitgeber zu informieren und ggf. seine Zustimmung einzuholen.
- Durch die Nebenbeschäftigung macht er seinem Arbeitgeber keine unlautere Konkurrenz (→ Wettbewerbsverbot).
- Die Nebenbeschäftigung darf die Arbeitskraft des Arbeitnehmers nicht in solchem Umfang beeinträchtigen, dass er zur Leistung der vertraglichen Arbeit gegenüber dem ersten Arbeitgeber nicht oder nicht mehr ausreichend in der Lage ist.
- Die gesamte Arbeitszeit, d.h. inkl. der Nebenbeschäftigung, darf die in dem Arbeitszeitgesetz vorgeschriebenen Höchstarbeitszeiten (→ Arbeitszeit) nicht überschreiten.

Beachte: *Verletzt der Arbeitnehmer durch die Ausübung einer Nebentätigkeit seine arbeitsvertraglichen Pflichten aus dem Hauptarbeitsverhältnis in erheblichem Umfang, so kann eine verhaltensbedingte Kündigung gerechtfertigt sein.*

P

■ Pflegezeit

Das **Pflegezeitgesetz** eröffnet Beschäftigten die Möglichkeit, pflegebedürftige nahe Angehörige in häuslicher Umgebung zu pflegen. Als **nahe Angehörige** gelten insbesondere: Ehegatten, Lebenspartner, Partner einer eheähnlichen oder lebenspartnerschaftsähnlichen Gemeinschaft, Großeltern, Eltern, Geschwister, Schwägerinnen und Schwäger, eigene Kinder, Adoptiv- und Pflegekinder sowie diejenigen des Ehegatten oder Lebenspartners, Schwieger- und Enkelkinder, Schwiegereltern und Stiefeltern.

a) **Kurzzeitige Arbeitsverhinderung**: Bei einer akut auftretenden Pflegesituation haben Beschäftigte das Recht, der Arbeit **bis zu zehn Arbeitstage** fernzubleiben, wenn dies erforderlich ist, um eine bedarfsgerechte Pflege zu organisieren oder eine pflegerische Versorgung in dieser Zeit sicherzustellen. Einer **Zustimmung** des Arbeitgebers zur Freistellung bedarf es **nicht**. Allerdings muss der Beschäftigte die Verhinderung an der Arbeitsleistung und deren voraussichtliche Dauer dem Arbeitgeber unverzüglich mitteilen und auf Verlangen eine ärztliche Bescheinigung über die Pflegebedürftigkeit und die Erforderlichkeit vorlegen.

   Beachte: *Der Anspruch auf kurzfristige Freistellung besteht unabhängig von einer bestimmten Belegschaftsgröße und Dauer der Betriebszugehörigkeit.*

   Der Arbeitnehmer hat einen Anspruch auf eine Lohnersatzleistung, das sogenannte **Pflegeunterstützungsgeld**. Dieses wird von der Pflegekasse des zu pflegenden Angehörigen aufgebracht, soweit sich keine Pflicht zur Entgeltfortzahlung beispielsweise aus Tarifvertrag oder einer Vereinbarung ergibt.

b) **Pflegezeit**: Beschäftigte sind für **bis zu sechs Monate** von der Arbeitsleistung vollständig oder teilweise freizustellen, wenn sie einen pflegebedürftigen nahen Angehörigen in häuslicher Umgebung pflegen. Die Pflegebedürftigkeit des oder der nahen Angehörigen, die mindestens Pflegestufe I umfassen muss, muss gegenüber dem Arbeitgeber nachgewiesen werden durch eine Bescheinigung der Pflegekasse oder des Medizinischen Dienstes der Krankenversicherung. Der **Freistellungsanspruch** besteht jedoch nur gegenüber Arbeitgebern mit in der Regel **mehr als 15 Beschäftigten**. Der Arbeitnehmer muss dem Arbeitgeber die Pflegezeit spätestens zehn Arbeitstage vor Beginn schriftlich ankündigen und gleichzeitig erklären, für welchen Zeitraum und in welchem Umfang die Freistellung von der Arbeitsleistung in Anspruch genommen werden soll. Während es bei einer **vollständigen Freistellung** keiner Zustimmung des

Arbeitgebers bedarf, ist bei einer nur **teilweisen Freistellung** eine schriftliche Vereinbarung über die Verringerung und die Verteilung der Arbeitszeit erforderlich. Bei einer solchen teilweisen Freistellung muss vom Arbeitnehmer angegeben werden, wie die Arbeitszeit verteilt werden soll. Ein **Entgeltfortzahlungsanspruch** besteht für diese Freistellungszeit **nicht**. Arbeitnehmer haben jedoch Anspruch auf ein zinsloses Darlehen vom Bundesamt für Familie und zivilgesellschaftliche Aufgaben.

Beachte: *Hat der Arbeitnehmer den Sechs-Monats-Zeitraum nicht ausgeschöpft, kann die Pflegezeit bis zur Höchstdauer nur verlängert werden, wenn der Arbeitgeber zustimmt. Gleiches gilt für vorzeitige Beendigung der Pflegezeit.*

Beachte: *Das Pflegezeitgesetz stellt ausdrücklich klar, dass die Befristung eines Arbeitsvertrages mit einer Vertretungskraft für die Zeit, in der Arbeitnehmer Pflegezeit in Anspruch nehmen, sachlich gerechtfertigt ist.*

Von der Ankündigung bis zur Beendigung der kurzzeitigen Arbeitsverhinderung und ab frühestens zwölf Wochen vor Beginn der angekündigten Pflegezeit besteht ein **Kündigungsverbot**. In besonderen Fällen kann eine Kündigung von der für den Arbeitsschutz zuständigen obersten Landesbehörde oder der von ihr bestimmten Stelle für zulässig erklärt werden.

Beachte: *Der Arbeitgeber kann den Erholungsurlaub für jeden vollen Kalendermonat vollständiger Freistellung um ein Zwölftel kürzen.*

Weitere Informationen zum Thema Pflegezeit sind zu finden unter www.wege-zur-pflege.de.

■ Pflichten

Im Arbeitsverhältnis bestehen zwischen Arbeitgeber und Arbeitnehmer eine Reihe gegenseitiger Pflichten.

1. Zu den Hauptpflichten gehören:
   - **Arbeitspflicht des Arbeitnehmers:**
     Der Arbeitnehmer hat die Arbeit persönlich zu leisten. Welche Arbeit der Arbeitnehmer im einzelnen zu vollbringen hat, bestimmt sich aus dem Arbeitsvertrag oder einer mündlichen Vereinbarung. Wurde nichts Konkretes vereinbart, nur die Tätigkeit fachlich umschrieben, kann der Arbeitgeber im Rahmen seines **Wei-**

sungs- oder Direktionsrechtes bestimmen, welche Arbeit der Arbeitnehmer im Einzelnen zu leisten hat. Auch die Ordnung im Betrieb wie z.b. Rauch-, Alkoholverbote, Tragen von Schutzkleidung werden vom Arbeitgeber im Rahmen seines Weisungsrechts festgelegt, soweit dem nicht Mitbestimmungsrechte des Betriebsrats entgegenstehen. Das Weisungsrecht findet seine Grenzen insbesondere den Grenzen und den arbeitsvertraglichen Vereinbarungen (→ Änderungskündigung).

- **Die Entgeltzahlungspflicht des Arbeitgebers:**
Der Arbeitnehmer ist grundsätzlich vorleistungspflichtig, die Fälligkeit tritt nach Ablauf des jeweiligen Zeitabschnittes (Tag, Woche oder Monat) ein.

2. Neben den Hauptpflichten bestehen diverse sog. **Nebenpflichten:**
a) für den **Arbeitnehmer** ist dies die **Treuepflicht.**
Darunter versteht man die Verpflichtung, sich nach besten Kräften für die Interessen des Arbeitgebers und des Betriebs einzusetzen und Maßnahmen zu unterlassen, die den Arbeitgeber oder den Betrieb schädigen könnten.
Im Einzelnen besteht die Treuepflicht aus **Handlungs- sowie Unterlassungspflichten:**

- **Anzeigepflicht**
Der Arbeitnehmer ist zum sorgfältigen Umgang mit den Arbeitsmitteln sowie zur Beachtung der Unfallverhütungs- und Arbeitsschutzvorschriften verpflichtet.

- **Wettbewerbsverbot**
Während des Arbeitsverhältnisses hat der Arbeitnehmer jeden Wettbewerb mit seinem Arbeitgeber zu unterlassen.
Mit Beendigung des Arbeitsverhältnisses endet grundsätzlich auch die Pflicht des Arbeitnehmers gegenüber seinem bisherigen Arbeitgeber. Es kann jedoch ein Wettbewerbsverbot für die Zeit **nach Beendigung des Arbeitsverhältnisses** vereinbart werden. Diese Vereinbarung muss dem Schutz berechtigter geschäftlicher Interessen des Arbeitgebers dienen und darf nicht länger als für zwei Jahre nach Ende des Arbeitsverhältnisses vorgesehen werden. Wichtigste Voraussetzung für eine wirksame Vereinbarung ist die Zahlung einer monatlichen Entschädigung in Höhe von mindestens der Hälfte der zuletzt bezogenen vertragsmäßigen Leistungen.

- **Verschwiegenheitspflicht**
Dem Arbeitnehmer ist es untersagt, Geschäfts- und Betriebsgeheimnisse Dritten unbefugt mitzuteilen.

- **Schmiergeld**
Die Annahme von Geld, Sachgeschenken oder sonstigen Vorteilen, durch die der Arbeitnehmer zu einer pflichtwidrigen Handlung veranlasst werden oder dafür nachträglich belohnt werden soll, ist verboten.

b) **Fürsorgepflicht des Arbeitgebers**
   Die Fürsorgepflicht ist ein allgemeines soziales Schutzrecht, das den Arbeitgeber verpflichtet, auf das Wohl des Arbeitnehmers nach Möglichkeit und Zumutbarkeit Rücksicht zu nehmen.
   Dies betrifft:
- den Schutz für Leben und Gesundheit des Arbeitnehmers betreffend Arbeitsräume, Arbeitsmittel und Arbeitsablauf (z.B. ausreichende und gesundheitlich zuträgliche Atemluft, Rauchverbot),
- den Schutz für eingebrachte Sachwerte des Arbeitnehmers (z.B. Fahrräder, Kleidungsstücke, evtl. Kraftfahrzeuge) vor Beschädigung oder Diebstahl,
- die Pflicht zur Gewährung von Erholungsurlaub (→ Urlaub),
- die Erteilung eines Zeugnisses (→ Zeugnis).

■ Probezeit

In der betriebsüblichen Praxis bietet sich in vielen Fällen vor Begründung eines Dauerarbeitsverhältnisses die Vorschaltung einer Probezeit an. Das Probearbeitsverhältnis dient Arbeitgeber und Arbeitnehmer dazu, im Rahmen einer angemessenen Zeitspanne Klarheit gewinnen zu können, ob eine dauerhafte Zusammenarbeit möglich erscheint. Gesetzlich vorgeschrieben ist eine Probezeit nur bei Berufsausbildungsverhältnissen (mindestens ein bis maximal vier Monate); häufig ist sie auch tarifvertraglich vorgesehen.

> **Beachte:** *Soweit tarifliche Bestimmungen nicht einschlägig sind (→ Tarifvertrag), ist eine Probezeit keinesfalls automatisch dem Arbeitsverhältnis vorgeschaltet. Vielmehr muss darüber eine* **Vereinbarung** *getroffen werden.*

> **Beachte:** *Das Probearbeitsverhältnis ist zu unterscheiden vom sog. Einfühlungsverhältnis (bzw.* **"Schnupperarbeitsverhältnis"***). Dabei soll sich der Bewerber um einen Arbeitsplatz nur eine Zeit lang mit den betrieblichen Verhältnissen vertraut machen, ohne vorerst zur Leistung von Arbeit verpflichtet zu sein. Auch wenn schon irgendein (geringes) Entgelt für den Zeitaufwand und eine gelegentlich geleistete Arbeit gezahlt werden sollte, stellt dies noch kein echtes Arbeitsverhältnis dar.*

Es bestehen für die Vereinbarung einer Probezeit zwei Möglichkeiten: (→ Befristetes Arbeitsverhältnis)
- Das Probearbeitsverhältnis wird als **befristetes** Arbeitsverhältnis abgeschlossen. Es endet dann mit dem Ablauf der Probezeit, wenn nicht zuvor ein anderes Arbeitsverhältnis (in der Regel Dauerarbeitsverhältnis) vereinbart wird.

- Das Arbeitsverhältnis kann jedoch auch **unbefristet** abgeschlossen werden und darüber hinaus wird vereinbart, dass ein bestimmter Zeitraum Probezeit ist und während dieser Zeit kürzere Kündigungsfristen gelten.

Die **gesetzliche Kündigungsfrist** in der Probezeit – bis zu sechs Monaten – beträgt **zwei Wochen**. Nur längere Kündigungsfristen können einzelvertraglich vereinbart werden. Mit den Fristen kann bis zum letzten Tag der Probezeit gekündigt werden. Die Vereinbarung einer Probezeit meint in der Regel auch die Abkürzung der gesetzlichen Grundkündigungsfrist (vier Wochen). Dennoch sollten die kürzeren Kündigungsfristen im Vertrag enthalten sein.

Dauer

Die Dauer der Probezeit ist individuell zu vereinbaren je nach Aufgabengebiet des Arbeitnehmers; das Richtmaß beträgt **sechs Monate**. Danach gelten die normalen Kündigungsfristen (→ Kündigung). Viele Tarifverträge sehen kürzere Fristen vor.

Die Probezeit kann mit Zustimmung des Arbeitnehmers verlängert werden. Andernfalls rechtfertigen nur längere krankheitsbedingte oder sonstige Unterbrechungen, die den Probezweck gefährden, eine Verlängerung.

S

■ Scheinselbstständigkeit

Seit dem 01.01.1999 galten Änderungen im Sozialgesetzbuch (SGB). Die Gesetzesänderungen bewirkten eine Ausweitung des sozialversicherungsrechtlichen Arbeitnehmerbegriffs und der Sozialversicherungspflicht für eine Vielzahl von Auftragsverhältnissen. Zum 01.012003 ist die bisherige so genannte Vermutungsregelung nach § 7 Abs. 4 Sozialgesetzbuch Viertes Buch (SGB IV) weggefallen. Die Neufassung sagt nur noch, dass bei Personen, die einen Existenzgründungszuschuss nach § 421 I SGB III beantragt haben (so genannte „Ich-AG" bzw. „Familien-AG"), während ihrer (maximal dreijährigen) Förderung widerlegbar deren Selbstständigkeit vermutet wird. Mit dem Wegfall der Vermutungsregelung wird die **Beweislast** endgültig in die Hände der **Einzugsstelle** und der **Betriebsprüfer** zurückgehen. Nun müssen die Prüfenden auch bei mangelnder Mitwirkung der Betroffenen nachweisen, dass es sich wirklich um eine *sozialversicherungspflichtige Beschäftigung* (und nicht um eine selbstständige Tätigkeit) handelt. Auf diese Weise wird einzelfallbezogen und – in der Regel unter Mitwirkung von Auftraggeber und Auftragnehmer – der Beschäftigungsstatus unter Gesamtwürdigung aller tatsächlichen und rechtlichen Gegebenheiten festgestellt.

Der Selbstständige kann **innerhalb eines Monats** nach Aufnahme der Tätigkeit einen **Antrag** bei der Deutschen Rentenversicherung (DRV) **stellen,** damit verbindlich festgestellt wird, dass keine sozialversicherungspflichtige Beschäftigung vorliegt. Die DRV entscheidet aufgrund einer Gesamtwürdigung der Situation des Unternehmens. Als Anhaltspunkte für eine abhängige Beschäftigung werden eine Tätigkeit nach Weisungen und eine Eingliederung in die Arbeitsorganisation des Weisungsgebers angesehen.

Nur wenn

1. ein versicherungspflichtiges Beschäftigungsverhältnis vorliegt,
2. der Beschäftigte zustimmt und
3. er sich für den Interimszeitraum zwischen Beginn der Tätigkeit und Erteilung des Bescheides adäquat für den Krankheitsfall und das Alter abgesichert hat,

tritt die **Sozialversicherungspflicht** zu dem Zeitpunkt ein, zu dem eine **unanfechtbare** Entscheidung vorliegt. Widerspruch und Klage haben aufschiebende Wirkung.

Stellt der Selbstständige **keinen Antrag,** tritt **die Versicherungspflicht erst mit dem Tag der Bekanntgabe der Entscheidung** ein, wenn der Betroffene oder der Arbeitgeber weder vorsätzlich noch grob fahrlässig von einer selbstständigen Tätigkeit ausgegangen sind. Der Beschäftigte muss dabei jedoch dem DRV-Bescheid zustimmen und sich für den Interimszeitraum zwischen Beginn der Tätigkeit und Erteilung des Bescheides adäquat für den Krankheitsfall und das Alter abgesichert haben.

In den übrigen Fällen tritt bei Scheinselbstständigen die **Sozialversicherungspflicht mit Aufnahme der Tätigkeit** ein.

Rentenversicherungspflichtige Selbstständige

Soweit eine Scheinselbstständigkeit zu verneinen ist oder der Unternehmer freier Handelsvertreter im Sinne des § 84 Abs. 1 Handelsgesetzbuch (HGB) ist, kann er dennoch als so genannter **rentenversicherungspflichtiger Selbstständiger** der Rentenversicherungspflicht unterliegen.
1. Der Antragsteller **war am 31.12.1998 selbstständig** und ist **vor dem 02. 01. 1949 geboren:** Er wird vollständig von der Rentenversicherungspflicht befreit.
2. Der Antragsteller **war am 31.12.1998 selbstständig** und kann eine private Vorsorge (Lebens- oder Rentenversicherungsvertrag) nachweisen, die er **vor dem 10.12.1998** mit einem öffentlichen oder privaten Versicherungsunternehmen abgeschlossen hat. Ersatzweise gilt eine Zusage auf eine betriebliche Altersversorgung, die den Voraussetzungen des § 231 Abs. 5 SGB VI (siehe unten) genügen. Ausreichend ist auch, wenn der Selbstständige **bis zum 30.06.2000** (oder binnen eines Jahre nach Eintritt der Versicherungspflicht) einen bereits bestehenden **Vertrag entsprechend anpasst** bzw. durch weitere Verträge entsprechend ergänzt. Auch in diesem Fall ist er von der Rentenversicherungspflicht befreit.
3. Der Antragsteller **war am 31.12.1998 selbstständig** und kann eine vergleichbare Form der privaten Vorsorge (vorhandenes Vermögen, z.B. Grund- und Finanzvermögen, bzw. Vermögen, das aufgrund einer auf Dauer angelegten vertraglichen Verpflichtung angespart wird) nachweisen, deren wirtschaftlicher Wert **insgesamt** nicht hinter dem einer Lebens- oder Rentenversicherung zurückbleibt. Der Antragsteller kann **bis zum 30.06.2000** (oder binnen eines Jahre nach Eintritt der Versicherungspflicht) bereits bestehende **Verträge entsprechend anpassen** bzw. durch weitere Verträge entsprechend ergänzen.

Konsequenzen

Im **Anfrageverfahren** bei der Clearingstelle der **DRV** (Statusfeststellungsverfahren) wird zunächst geprüft, ob eine selbstständige Tätigkeit oder eine abhängige Beschäftigung, d.h. lediglich eine **Scheinselbstständigkeit** vorliegt. Soweit eine selbstständige Tätigkeit bejaht wird, prüft die DRV anschließend das Bestehen einer **Rentenversicherungspflicht**. Besteht diese, können die Betroffenen auf Antrag **befreit** werden, wenn sie die genannten Voraussetzungen erfüllen.

Scheinselbstständigkeit heißt, dass der Betroffene sozialversicherungsrechtlich wie ein Arbeitnehmer zu behandeln ist. Die Sozialversicherungsleistungen sowie die Lohn- bzw. Einkommenssteuer sind künftig vom Unternehmer (Auftraggeber) abzuführen. Das Unternehmen, für das der Scheinselbstständige arbeitet, muss diesen sofort als Mitarbeiter bei der zuständigen gesetzlichen Krankenversicherung anmelden.

Die Befreiung ist binnen eines Jahres nach Eintritt der Versicherungspflicht zu beantragen; die Antragsfrist läuft mindestens bis zum 30.06.2000. Die Befreiung wirkt vor Eintritt der Versicherungspflicht an.

Dieser Antrag ist bei der DRV zu stellen.

Handelsvertreter

Mit dem Wegfall der Vermutungskriterien ist auch die Ausnahmeregelung für **Handelsvertreter** hinfällig geworden. Entscheidend für die Frage ihrer Selbstständigkeit ist damit, ob sie ihre **Tätigkeit im Wesentlichen frei gestalten und über ihre Arbeitszeit bestimmen** können (§ 84 Abs. 1 Satz 2 HGB). Wenn diese Voraussetzung nicht erfüllt sind, können auch Handelsvertreter „scheinselbstständig" sein. Liegen die Voraussetzungen für eine rentenversicherungspflichtige Selbstständigkeit vor, besteht entsprechend Rentenversicherungspflicht.

Schwerbehinderte

Schwerbehinderte sind alle Personen, die körperlich, geistig oder seelisch behindert sind und deren Behinderungsgrad wenigstens 50 % ausmacht. Die Feststellung erfolgt durch das Versorgungsamt.

Darüber hinaus stellt das SGB IX Personen in seinen Schutz, die wegen einer Behinderung von weniger als 50 aber mindestens 30 Prozent von der **Agentur für Arbeit** auf Antrag gleichgestellt wurden.

Einstellungspflicht des Arbeitgebers

Verfügt ein Betrieb über mindestens 20 regelmäßige Arbeitsplätze, so ist er verpflichtet, mindestens 5 % der Arbeitsplätze mit Schwerbehinderten zu besetzen (Pflichtquote).

Bei 20 Arbeitnehmern im Betrieb ist beispielsweise ein Schwerbehinderter zu beschäftigen, bei 30 Arbeitnehmern sind es zwei Schwerbehinderte (bei 0,5 wird aufgerundet). Bei der Berechnung der **Ausgleichsabgabe** wird auf die jahresdurchschnittliche **Beschäftigungsquote** abgestellt. Die Ausgleichsabgabe kann reduziert bzw. ganz vermieden werden durch die Übererfüllung der Pflichtquote sowie ein verstärktes Engagement in der Ausbildung. Durch die Staffelung der Ausgleichsabgabe sollen unzumutbare Belastungen für kleinere und mittelständische Betriebe vermieden werden.

Für jeden nicht besetzten Pflichtplatz muss der Arbeitgeber monatlich eine gestaffelte Ausgleichsabgabe zahlen, die zwischen 115 und 290 € beträgt. Diese Ausgleichsabgabe ist einmal jährlich spätestens bis zum 31.3. des Folgejahres an das zuständige **Integrationsamt** abzuführen. Ebenfalls bis zu diesem Zeitpunkt hat der Arbeitgeber der für seinen Sitz zuständigen Agentur für Arbeit die Zahl der im Vorjahr vorhandenen Arbeitsplätze sowie die Zahl der beschäftigten Schwerbehinderten anzuzeigen.

Die Höhe der Ausgleichsabgabe je Pflichtplatz und Monat beträgt €:

Anzahl der Arbeitnehmer	Erfüllung Pflichtquote			
	5 % und mehr	3 % bis unter 5 %	2 % bis unter 3 %	0 bis unter 2 %
Unter 20	–	–	–	–
20 bis 39	–	115,–	115,–	115,–
40 bis 59	–	115,–	115,–	200,–
Über 59	–	115,–	200,–	290,–

Sonstige Verpflichtungen des Arbeitgebers

- Schwerbehinderte sind so zu beschäftigen, dass diese ihre Fähigkeiten und Kenntnisse möglichst voll verwerten und weiterentwickeln können.
- Schwerbehinderte haben Anspruch auf bezahlten **Zusatzurlaub** von einer Woche (bei Fünftagewoche fünf Arbeitstage). Gleichgestellten steht dieser Anspruch nicht zu. Der Zusatzurlaub richtet sich nach dem Grundurlaub, das heißt, hat ein Schwerbehinderter nur anteiligen Grundurlaub, so ist auch der Zusatzurlaub nur anteilig zu gewähren.
- **Besonderer Kündigungsschutz:** Der Arbeitgeber muss bei Schwerbehinderten und Gleichgestellten die jeweils einschlägige Kündigungsfrist, wenigstens aber eine Frist von vier Wochen einhalten.
Die Kündigung darf erst ausgesprochen werden, wenn das **Integrationsamt** der Kündigung **vorher** zugestimmt hat. Eine ohne diese **Zustimmung** erklärte Kündigung ist unwirksam. Bei einer außerordentlichen (fristlosen) Kündigung gilt zudem, dass die Zustimmung innerhalb von zwei Wochen seit Kenntnis des Kündigungsgrundes beantragt werden muss.

Beachte: *Der Kündigungsschutz gilt nicht in den ersten sechs Monaten des Bestehens des Arbeitsverhältnisses. In diesem Fall zeigt der Arbeitgeber dem Integrationsamt die Beendigung des Arbeitsverhältnisses lediglich innerhalb von vier Tagen an.*

Um den Sonderkündigungsschutz in Anspruch nehmen zu können, muss der Arbeitnehmer zum Zeitpunkt der Kündigung schwerbehindert bzw. gleichgestellt sein oder zumindest einen Antrag auf Feststellung der Behinderung bzw. auf Gleichstellung gestellt haben.

T

■ Tarifverträge

Tarifverträge, die nach dem räumlichen, betrieblichen und persönlichen Bereich für ein Arbeitsverhältnis einschlägig sein könnten, sind dies nur, wenn eine **Tarifbindung** besteht.

Möglichkeiten der Tarifbindung:
- Arbeitnehmer ist Mitglied der Gewerkschaft **und** Arbeitgeber ist Mitglied des Arbeitgeberverbandes,
- der Tarifvertrag wird in den Einzelarbeitsvertrag zwischen – nicht gebundenen – Arbeitnehmer und Arbeitgeber einbezogen **oder**
- der Tarifvertrag wird von den Bundes- oder Landesministerien für Arbeit und Sozialordnung für **allgemeinverbindlich** erklärt. Eine aktuelle Liste der für allgemeinverbindlich erklärten Tarifverträge ist im Internet unter http://www.bmas.bund.de zu finden. Diese Erklärung hat die Wirkung, dass der Tarifvertrag auch für nicht tarifgebundene Arbeitnehmer und Arbeitgeber unmittelbar und zwingend gilt.

Auskünfte über allgemeinverbindliche Tarifverträge sind beim Bundesministerium für Arbeit und Soziales (→ Adressenverzeichnis) sowie den jeweiligen Landesarbeitsministerien erhältlich.

Unter http://www.boeckler.de/cps/rde/xchg/hbs/hs.xsl/wsi-tarifarchiv_4829.htm bzw. unter http://www.tarifvertrag.de unter den Rubriken „Wer verdient was?", dann „Vergütungstabellen", sind im Internet die Eckdaten der Tarifverträge aus zahlreichen alphabetisch aufgelisteten Branchen auf jeweils ein bis zwei Seiten zusammengefasst.

Teilzeitarbeit

Teilzeitbeschäftigt ist ein Arbeitnehmer, wenn seine auf Dauer vereinbarte regelmäßige Arbeitszeit kürzer ist als die betriebliche Regelarbeitszeit für Vollzeitkräfte.

In Betrieben, in denen in der Regel **mehr als 15 Arbeitnehmer** (mit Ausnahme der Auszubildenden) beschäftigt werden, besteht nach dem **Teilzeit- und Befristungsgesetz** ein Rechtsanspruch auf Teilzeitarbeit, wenn das Arbeitsverhältnis des einzelnen Arbeitnehmers **seit mehr als sechs Monaten bestanden** hat. Dabei werden Teilzeitbeschäftigte nicht nur anteilig, sondern voll gezählt. Befindet sich ein Arbeitnehmer in Elternzeit, wird nur dieser oder diese Elternzeitberechtigte **oder** die dafür eingestellte Ersatzkraft mitgerechnet.

Auch für den umgekehrten Fall, dass ein Arbeitnehmer seine **Arbeitszeit verlängern** will, besteht ein entsprechender Anspruch des Arbeitnehmers. Das Recht auf **Verringerung** der Arbeitszeit gilt auch für geringfügig Beschäftigte sowie für Mitarbeiter in befristeten Beschäftigungsverhältnissen.

Der Arbeitnehmer muss die Verringerung seiner Arbeitszeit und den Umfang der **Verringerung spätestens drei Monate vor deren Beginn geltend machen** (die Geltendmachung des Teilzeitanspruches ist dabei an keine Form gebunden; es ist dringend zu empfehlen, ein entsprechendes Schriftformerfordernis vertraglich zu vereinbaren!). Zu diesem Zeitpunkt soll er auch die gewünschte Verteilung der Arbeitszeit angeben.

Der **Arbeitgeber** kann die Verringerung der Arbeitszeit und deren Verteilung nur **ablehnen**, soweit **betriebliche Gründe** entgegenstehen. Solche betrieblichen Gründe liegen insbesondere vor, wenn die Verringerung der Arbeitszeit die Organisation, den Arbeitsablauf oder die Sicherheit im Betrieb wesentlich beeinträchtigt oder unverhältnismäßige Kosten verursacht. Die Verringerung der Arbeitszeit tritt zunächst nicht in Kraft, wenn der Arbeitgeber die gewünschte Reduzierung der Arbeitszeit bzw. die gewünschte Verteilung der Arbeitszeit bis spätestens einen Monat vor Beginn der gewünschten Veränderung schriftlich mit Hinweis auf betriebliche Gründe ablehnt.

Der Arbeitgeber kann die vereinbarte Verteilung der Arbeitszeit wieder **ändern,** wenn das betriebliche Interesse daran das Interesse des Arbeitnehmers an der Beibehaltung erheblich überwiegt und der Arbeitgeber die Änderung spätestens einen Monat vorher ankündigt.

Der Arbeitnehmer kann eine Verringerung der Arbeitszeit **erneut** frühestens nach Ablauf von zwei Jahren verlangen. Darüber hinaus muss ein Unternehmen, das einen Arbeitsplatz **ausschreibt,** diesen auch als Teilarbeitsplatz ausschreiben, wenn sich der Arbeitsplatz hierfür eignet.

Die Formen der Teilzeitarbeit (→ Aushilfsarbeitsverhältnis) sind mannigfaltig:
- Verkürzung der täglichen Arbeitszeit
- teilweise Beschäftigung an einigen Arbeitstagen/Woche
- Beschäftigung jeweils am Monatsende
- Langzeiturlaub
- Vereinbarung, eines Wochen-, Monats- oder Jahresstunden-Kontingents, das der Arbeitgeber abrufen kann
- Arbeitsplatzteilung (Job-sharing)

Das Vorliegen einer Teilzeitbeschäftigung steht der Annahme eines die Sozialversicherungspflicht begründenden Beschäftigungsverhältnisses nicht entgegen, da dessen Bestand nicht mehr von der Einhaltung einer Mindestarbeitszeit abhängt (Aufgabe der Kurzzeitigkeitsgrenze). Für die Versicherungspflicht in der **Kranken- und Rentenversicherung** ist entscheidend, ob eine geringfügige Beschäftigung ausgeübt wird, die zur Versicherungsfreiheit führt. Besonderheiten gelten weiterhin bei der **Arbeitslosenversicherung:** Nunmehr steht die Ausübung einer Beschäftigung von weniger als 15 Stunden der Arbeitslosigkeit als Voraussetzung für den Anspruch auf Arbeitslosengeld und weiterer Leistungen der Arbeitslosenversicherung nicht entgegen.

Auf die Teilzeitarbeit sind grundsätzlich dieselben arbeitsrechtlichen Vorschriften anzuwenden wie auf das Vollzeitarbeitsverhältnis, da sich die beiden Beschäftigungsverhältnisse nur durch die Dauer der Arbeitszeit unterscheiden.

Ein teilzeitbeschäftigter Arbeitnehmer darf nicht wegen der Teilzeitarbeit gegenüber vollzeitbeschäftigten Arbeitnehmern unterschiedlich behandelt werden, es sei denn, dass dies aus sachlichen Gründen gerechtfertigt ist.

Teilzeitbeschäftigte haben grundsätzlich Anspruch auf dieselben Leistungen:
- **Entgelt**
- **Feiertagsvergütung.** Fällt infolge des Feiertags die Arbeit aus, ist grundsätzlich Feiertagsvergütung zu zahlen; ausgefallene Arbeitszeit ist weder vor- noch nachzuarbeiten.
- **Krankenvergütung** ist nach dem Entgeltausfallprinzip zu zahlen.

- **Mehrarbeits-/Überstundenzuschläge** sind bei Überschreitung der individuellen Arbeitszeit des Teilzeitbeschäftigten, die aber unter der regelmäßigen betrieblichen Arbeitszeit bleibt, nicht zu zahlen.
- **Urlaub**
  Alle Teilzeitarbeitnehmer, einschließlich der geringfügig Beschäftigten, haben ebenso Anspruch auf denselben Jahresurlaub wie Vollzeitarbeitskräfte.
  - Arbeitet ein Teilzeitbeschäftigter an genauso vielen Arbeitstagen wie eine Vollzeitkraft, jedoch an diesen Arbeitstagen nur weniger Stunden als eine Vollzeitkraft, umfasst der Urlaub gleich viele Tage.
  - Bei Teilzeitkräften, die nicht an jedem Arbeitstag/Woche arbeiten, sind zur Ermittlung der Urlaubsdauer die Arbeitstage rechnerisch in Beziehung zum Vollzeitarbeitsverhältnis zu setzen.

  Beispiel:
  Vollzeitkraft fünf Arbeitstage, Teilzeitkraft zwei Arbeitstage
  Vollzeitkraft 25 Arbeitstage Urlaub, Teilzeitkraft:
  25 : 5 x 2 = 10 Urlaubstage, bezogen auf die
  　　　　　　　Arbeitstage der Teilzeitkraft

- **Kündigung**
  Bei den Kündigungsfristen wird nicht zwischen Vollzeit- und Teilzeitbeschäftigten differenziert. Sowohl Arbeitgeber wie auch Arbeitnehmer haben die entsprechend geltenden Kündigungsfristen einzuhalten.

Weiterführende Informationen sind im Internet zu finden unter
http://www.teilzeit-info.de.

Muster

(Bei Anwendung des Musters ist zu prüfen, welche Vertragsbedingungen übernommen werden sollen. Gegebenenfalls sind Anpassungen und Ergänzungen zu empfehlen.)

Teilzeitarbeitsvertrag für Arbeiter und Angestellte ohne Tarifbindung

Zwischen ……………………………………………… (Arbeitgeber)

und Herrn/Frau …………………………………… (Arbeitnehmer/-in)

wird folgender Arbeitsvertrag geschlossen:

(...)

§4 Arbeitsvergütung
Der Arbeitnehmer erhält eine monatliche Bruttovergütung von …………. €/einen Stundenlohn von …………. €.

Soweit eine zusätzliche Leistung vom Arbeitgeber gewährt wird, handelt es sich um eine freiwillige Leistung, auf die ein Rechtsanspruch nicht besteht und auch bei einer mehrfachen Gewährung nicht begründet werden kann. Voraussetzung für die Gewährung einer solchen Gratifikation ist stets, dass das Arbeitsverhältnis am Auszahlungstag weder beendet noch gekündigt ist. Gratifikationen, die allen Mitarbeitern im Betrieb gleichermaßen gewährt werden, werden auch dem Mitarbeiter gewährt. Sie werden allerdings – sofern sie Entgeltcharakter haben und arbeitsbezogen sind –, beitragsmäßig gekürzt im Verhältnis der mit dem Mitarbeiter vereinbarten wöchentlichen Arbeitszeit zur jeweiligen wöchentlichen Arbeitszeit eines vollzeitbeschäftigten Mitarbeiters (derzeit …… Wochenstunden).

§5 Arbeitszeit
Die regelmäßige wöchentliche (*oder:* monatliche/jährliche) Arbeitszeit des Mitarbeiters beträgt …… Stunden. Die Lage der regelmäßigen wöchentlichen Arbeitszeit bestimmt sich wie folgt:
Montag: …… Uhr bis …… Uhr
Dienstag: …… Uhr bis …… Uhr

(...)

§§1–3 und §§6 ff. siehe Muster „Arbeitsvertrag für Arbeiter und Angestellte ohne Tarifbindung"

U

■ Urlaub

Jeder Arbeitnehmer hat nach dem **Bundesurlaubsgesetz** in jedem Kalenderjahr Anspruch auf bezahlten Erholungsurlaub. Voraussetzung ist lediglich, dass das **Arbeitsverhältnis mindestens einen Beschäftigungsmonat bestanden** hat. In diesem Zeitraum erfolgt eine Lohn- oder Gehaltszahlung **(Urlaubsentgelt)**, der das durchschnittliche Arbeitsverdienst, das der Arbeitnehmer in den letzten abgerechneten 13 Wochen vor Beginn des Urlaubs erhalten hat, zugrundegelegt wird.

Urlaubsdauer

- Der **gesetzliche Mindesturlaub** beträgt ohne Rücksicht auf das Lebensalter oder die Betriebszugehörigkeit **24 Werktage** im Kalenderjahr (bei der **Sechs-Tage-Woche**). Als Werktage gelten alle Kalendertage, die nicht Sonn- oder gesetzliche Feiertage sind, also grundsätzlich auch die Samstage, die arbeitsfrei sein können. Zur Berechnung des Urlaubsanspruches von Teilzeitkräften → Teilzeitarbeit.
- In Tarifverträgen, Betriebsvereinbarungen oder Einzelarbeitsverträgen wird in aller Regel ein höherer Urlaubsanspruch vorgesehen. In den Branchen, in denen üblicherweise nur an fünf Wochentagen gearbeitet wird, ist in den Tarifverträgen meist die Berechnung des Urlaubs nach Arbeitstagen vorgesehen.
- Das Jugendarbeitsschutzgesetz sieht für jugendliche Arbeitnehmer eine längere Urlaubsdauer vor. Sie beträgt:
  - mindestens 30 Werktage, wenn der Jugendliche zu Beginn des Kalenderjahres noch nicht 16 Jahre alt ist,
  - mindestens 27 Werktage, wenn der Jugendliche zu Beginn des Kalenderjahres noch nicht 17 Jahre alt ist,
  - mindestens 25 Werktage, wenn der Jugendliche zu Beginn des Kalenderjahres noch nicht 18 Jahre alt ist.
- Nach dem Schwerbehindertengesetz erhalten Schwerbehinderte – nicht Gleichgestellte – einen bezahlten Zusatzurlaub von fünf Arbeitstagen im Jahr.
- Teilzeitbeschäftigte haben ebenso Anspruch auf entsprechenden Urlaub (→ Teilzeitarbeit).

Urlaubsgewährung

- Eine **Wartezeit** von **sechs Monaten** nach Beginn des Arbeitsverhältnisses ist Voraussetzung für den vollen Jahresurlaubsanspruch. Bei kürzerer Dauer des Arbeitsverhältnisses erhält der Arbeitnehmer lediglich **Teilurlaub**, d.h. 1/12 für jeden vollen Monat des Beschäftigungsverhältnisses, wenn er
  1. vor Erfüllung der Wartezeit aus dem Arbeitsverhältnis ausscheidet,
  2. wegen Beginn des Arbeitsverhältnisses in der zweiten Jahreshälfte die Wartezeit nicht erfüllen kann oder
  3. nach Erfüllung der Wartezeit in der ersten Jahreshälfte ausscheidet.

  Der Arbeitnehmer, der nach Erfüllung der Wartezeit in der zweiten Jahreshälfte ausscheidet, hat damit Anspruch auf den vollen Jahresurlaub.

  Tipp: *Für den Arbeitgeber empfiehlt sich, einzelvertraglich eine Kürzung des Urlaubs zu vereinbaren, wenn er über den gesetzlichen Mindesturlaubs hinaus Zusatzurlaub gewährt (→ Arbeitsvertrag: Muster). Andernfalls besteht keine Kürzungsmöglichkeit.*

- Die Zwölftelung des Urlaubsanspruchs kann zu **Bruchteilen von Urlaubstagen** führen. Dann sind die Bruchteile, die mindestens einen halben Tag ergeben, auf volle Arbeitstage aufzurunden. Geringere Bruchteile von Urlaubstagen als einem halben Tag sind hingegen weder auf- noch abzurunden, sondern entsprechend ihrem Umfang zu gewähren.

  Beachte: *Zu viel gewährten Urlaub braucht der Arbeitnehmer nicht zurückzugewähren.*

- Bei der Festlegung des Urlaubs ist auf die Urlaubswünsche des Arbeitnehmers einzugehen.

  Beachte: *Der Arbeitnehmer hat grundsätzlich kein Recht, sich seinen ihm zustehenden Urlaub selbst „zu nehmen". Vielmehr hat er seinen* **Urlaub** *beim Arbeitgeber zu* **beantragen.** *Die zeitliche Festlegung des Urlaubs erfolgt durch den Arbeitgeber auf Grund seiner Pflicht zur* **Urlaubserteilung.** *Dabei hat der Arbeitgeber bei der Festlegung des Urlaubszeitpunktes grundsätzlich die Urlaubswünsche des Arbeitnehmers zu berücksichtigen.*

- Zu berücksichtigen sind jedoch:
  - dringende betriebliche Belange,
  - Urlaubswünsche von Arbeitnehmern, die unter sozialen Gründen Vorrang verdienen (z.B. Arbeitnehmer mit schulpflichtigen Kindern innerhalb der Schulferien)
  - zusammenhängender Urlaub der einzelnen Arbeitnehmer: bei der Urlaubserteilung ist gesetzlich festgelegt, dass einer der Urlaubsteile grundsätzlich mindestens 12 aufeinander folgende Werktage umfassen soll.
- Bei Eintritt unvorhergesehener besonders dringender betrieblicher Erfordernisse hat der Arbeitgeber die Möglichkeit, den zugesagten Urlaub zu **widerrufen,** wenn ihm das zugemutet werden kann. Er ist dann allerdings dazu verpflichtet, dem Arbeitnehmer den dadurch entstandenen materiellen Schaden zu ersetzen.
- Der Urlaub muss grundsätzlich im laufenden Kalenderjahr gewährt und genommen werden. Nur bei dringenden betrieblichen oder in der Person des Arbeitnehmers liegenden Gründen erfolgt eine **Übertragung** auf die ersten drei Monate des folgenden Kalenderjahres. Der Urlaubsanspruch verfällt, wenn er nicht spätestens bis zum 31.03. genommen wird.
- Urlaub wird auch in der Zeit erworben, in der der Arbeitnehmer arbeitsunfähig ist. Bei **langandauernder Krankheit** hat das Bundesarbeitsgericht entsprechend den Vorgaben des Europäischen Gerichtshofs diesen bislang im deutschen Arbeitsrecht geltenden Grundsatz aufgeben müssen. Nunmehr gilt: Ansprüche auf Urlaub oder Urlaubsabgeltung verfallen nicht mehr am Ende des Urlaubsjahres, wenn der Arbeitnehmer krankheitsbedingt daran gehindert war, Urlaub zu nehmen. Der **gesetzliche Mindesturlaub verfällt** erst **15 Monate nach Ablauf des Urlaubsjahres.** Das gilt grundsätzlich auch für den **freiwillig gewährten Zusatzurlaub.**

  Tipp: *Falls über den gesetzlichen Mindesturlaubsanspruch hinaus freiwillig Mehrurlaub gewährt wird, kann einzelvertraglich der* **Verfall dieses Mehrurlaubs vereinbart** *werden, wenn der Arbeitnehmer wegen Krankheit keine Arbeitsleistung erbracht hat (*→ *Arbeitsvertrag: Muster).*

  Beachte: *Urlaubsansprüche* **entstehen** *auch, wenn der Arbeitnehmer während des ganzen Urlaubsjahrs krankgeschrieben war.*

- Eine **Urlaubsabgeltung** ist nur dann möglich, wenn der Urlaub wegen Beendigung des Arbeitsverhältnisses ganz oder teilweise nicht mehr gewährt werden kann. Ansonsten gilt der Grundgedanke, dass der Urlaub dem Zwecke der Erholung dient und entsprechend genommen werden muss.

Kürzung des Urlaubs

Erkrankt ein **Arbeitnehmer** während des Urlaubs, so werden die durch ärztliches Zeugnis nachgewiesenen Tage der Arbeitsunfähigkeit auf den Urlaub nicht angerechnet. Der Urlaubsanspruch besteht auch bei längerer Krankheit während des Kalenderjahres und während der Ausfallzeiten wegen **mutterschutzrechtlicher Beschäftigungsverbote** unvermindert weiter. Auch eine Kürzung des Urlaubsanspruchs bei Arbeitnehmern, die sich in der **Pflegezeit** befinden, ist grundsätzlich nicht zulässig.

Beachte: Der Arbeitgeber ist berechtigt, den Erholungsurlaub, der dem Arbeitnehmer für das Kalenderjahr zusteht, für jeden vollen Kalendermonat der **Elternzeit, Pflegezeit** *und* **Familienpflegezeit** *sowie des* **Wehr- oder Zivildienstes** *um ein Zwölftel zu kürzen. Diese Kürzungsmöglichkeit ist gesetzlich geregelt.*

Tipp: Falls über den gesetzlichen Mindesturlaubsanspruch hinaus freiwillig Mehrurlaub gewährt wird, kann einzelvertraglich die **Kürzung** *dieses Mehrurlaubs für solche Fälle* **vereinbart** *werden, in denen der Arbeitnehmer keinen Anspruch auf Entgelt bzw. Entgeltfortzahlung hat oder das Arbeitsverhältnis ruht (→ Arbeitsvertrag: Muster).*

Unbezahlter Urlaub

Vom **Erholungsurlaub** unterscheidet sich der **unbezahlte Urlaub**. Die Gewährung unbezahlten Urlaubs ist eine freiwillige Entscheidung des Arbeitgebers, das heißt, er ist grundsätzlich nicht verpflichtet, dem Arbeitnehmer unbezahlten Urlaub zu gewähren.

Urlaubsgeld

Urlaubsgeld ist eine zusätzliche, über das Urlaubsentgelt hinaus gezahlte Vergütung (→ Gratifikation). Anspruch auf Urlaubsgeld besteht nur, wenn im Arbeitsvertrag oder im Tarifvertrag eine entsprechende Regelung getroffen wurde.

Bildungsurlaub

Unter Bildungsurlaub ist die vom Arbeitgeber bezahlte Freistellung des Arbeitnehmers zur Teilnahme an einer Weiterbildungsmaßnahme zu verstehen. Eine Reihe von Bundesländern haben hierfür Landesregelungen geschaffen.

Sonderurlaub für (ehrenamtliche) Mitarbeiter in der Jugendarbeit

Vom Bildungsurlaub zu unterscheiden ist der ebenfalls landesrechtlich geregelte Anspruch (ehrenamtlicher) Mitarbeiter in der Jugendarbeit auf bezahlten bzw. unbezahlten Sonderurlaub.

V

■ Vergütung

Der Arbeitgeber ist verpflichtet, dem Arbeitnehmer für die geleistete Arbeit die vereinbarte Vergütung zu gewähren.

Die **Fälligkeit** des Anspruchs auf die Arbeitsvergütung entsteht grundsätzlich erst nach Leistung der Dienste. Der Arbeitnehmer ist also vorleistungspflichtig. Üblicherweise wird die Arbeitsvergütung nach Monaten berechnet und am Ende des Monats ausbezahlt.

Die **Höhe** der Vergütung kann sich aus Folgendem ergeben:
- Sind Arbeitnehmer und Arbeitgeber tarifgebunden, also Mitglieder der Gewerkschaft und des Arbeitgeberverbandes, die den für den Betrieb maßgebenden Lohntarifvertrag abgeschlossen haben, ergibt sich die Mindesthöhe aus dem Tarifvertrag.
- Gleiches gilt für Lohntarifverträge, die allgemeinverbindlich erklärt wurden.
- Sind Arbeitnehmer oder Arbeitgeber nicht tarifgebunden, so können sie vereinbaren, dass der einschlägige Tarifvertrag ganz oder teilweise auf das Arbeitsverhältnis anzuwenden ist.
- Darüberhinaus sind die Vertragsparteien frei, individuelle Entgeltvereinbarungen zu treffen. Zum 1. Januar 2015 gilt in ganz Deutschland jedoch der gesetzliche Mindestlohn von 8,50 Euro pro Stunde.

Tipp: *Es besteht die Möglichkeit, die übertarifliche Vergütung leistungsbezogen zu bemessen.*

Ansprüche auf Zahlung der vereinbarten Vergütung **verjähren** wie die meisten Ansprüche aus dem Arbeitsverhältnis nach drei Jahren. Die Verjährungsfrist beginnt mit dem Schluss des Kalenderjahres, in dem der Anspruch entstanden ist.

Tipp: *Es besteht die Möglichkeit, diese lange Verjährungsfrist zu verkürzen durch die Vereinbarung von* **Verfall- und Ausschlussfristen** *(→ Arbeitsvertrag: Muster).*

Z

■ Zeugnis

Jeder Arbeitnehmer hat bei Beendigung des Arbeitsverhältnisses Anspruch auf ein schriftliches Arbeitszeugnis. Eine Ausnahme gilt nur bei sehr kurzen Arbeitsverhältnissen, die eine Beurteilung der fachlichen und persönlichen Qualitäten des Arbeitnehmers nicht ermöglichen.

> **Beachte:** *Der Zeugnisanspruch wird nicht erst „mit" oder „nach" Beendigung fällig, sondern bereits dann, wenn aufgrund fristgerechter Kündigung, Ablauf einer Befristung oder aufgrund eines Aufhebungsvertrages die Beendigung des Arbeitsverhältnisses absehbar ist.*

Arten

- **Einfaches Zeugnis**
  Das Zeugnis muss Folgendes enthalten:
  - Angaben über die Person des Arbeitnehmers (Name usw.),
  - Art und Dauer der Beschäftigung muss vollständig und genau beschrieben sein,
  - Unterbrechungen des Arbeitsverhältnisses durch Krankheit dürfen nur ausnahmsweise angegeben werden, wenn sie ungewöhnlich lange gedauert haben.
- **Qualifiziertes Zeugnis**
  Das qualifizierte Zeugnis enthält darüber hinaus eine Beurteilung der Fähigkeiten und Leistungen des Arbeitnehmers.

Der Arbeitnehmer kann zwischen dem einfachen und qualifizierten Zeugnis wählen.

Aufbau, Inhalt, Notenskala

Der klassische Aufbau eines Zeugnisses sieht folgendermaßen aus:

Überschrift	Arbeitszeugnis/Zwischenzeugnis
	Ausbildungszeugnis/Praktikantenzeugnis
Eingangsformel	Personalien
	Dauer des Arbeitsverhältnisses
Aufgabenbeschreibung	Tätigkeitsbeschreibung
	Hierarchische Position
	Kompetenzen
	Verantwortung
Leistungsbeurteilung	Arbeitsbereitschaft (Motivation)
	Arbeitsbefähigung
	Arbeitsweise (-tempo, -ökonomie)
	Arbeitserfolg (-güte)
	Führungsleistung bei Vorgesetzten
Verhaltensbeurteilung	Verhalten zu Vorgesetzten
	Verhalten zu Kollegen
	Verhalten zu Dritten
Schlussabsatz	Dankes-Bedauern-Formel
	Zukunftswünsche
	Ausstellungsort, -datum Unterschrift

Inhalt

Das Zeugnis dient dem Arbeitnehmer als Beschäftigungs- und Befähigungsnachweis für eine neue Bewerbung. Es soll vom verständigen **Wohlwollen** des Arbeitgebers getragen sein und das weitere Fortkommen des Arbeitnehmers nicht erschweren. Andererseits dient das Zeugnis zur Unterrichtung eines Dritten, der die Einstellung des Zeugnisinhabers erwägt.

Das Zeugnis muss **wahr** sein.

Daraus ergibt sich, dass das Zeugnis alle wesentlichen Tatsachen und Bewertungen enthalten muss, die für die Gesamtbeurteilung des Arbeitnehmers von Bedeutung sind. Dies schließt aus, dass der Arbeitgeber einmalige Vorfälle oder Umstände, die für den Arbeitnehmer, seine Führung und Leistung nicht charakteristisch sind, aufnehmen oder verallgemeinern darf.

Der Konflikt zwischen wahrheitsgemäßer und wohlwollender Beurteilung ergibt sich aus der Zeugnissprache und zwar in der Weise, dass positive Angaben gemacht oder nicht gemacht werden.

Das Nicht-Aussagen, also das Unterlassen einer Angabe, die die Verkehrsauffassung eigentlich erwartet, ist dann beredtes Schweigen, d.h. eindeutig negativ (Beispiel: bei einem Werbefachmann wird nichts über Kreativität, bei einer Chefsekretärin nichts über Vertrauenswürdigkeit, bei einem Kassierer nichts über Ehrlichkeit ausgesagt).

Notenskala

Beurteilung	Zeugnisformulierung
sehr gut	... stets zu unserer vollsten Zufriedenheit ...
gut	... zu unserer vollsten Zufriedenheit ... ... stets zu unserer vollen Zufriedenheit ...
befriedigend	... zu unserer vollen Zufriedenheit ...
ausreichend	... zu unserer Zufriedenheit ...
mangelhaft	... insgesamt zu unserer Zufriedenheit ... ... war bemüht, zu unserer Zufriedenheit ...

Der Arbeitnehmer kann die Ausstellung eines neuen Zeugnisses verlangen, wenn es falsche Tatsachen oder unrichtige Beurteilungen enthält.

■ Adressenverzeichnis

Alle Industrie- und Handelskammern alphabetisch nach Städten geordnet mit ihrer jeweiligen Homepage unter .ihk.de

- **Bundesministerium für Arbeit und Soziales (BMAS)**
  Mohrenstr. 62, 10117 Berlin
  Telefon: 0 30 / 20 07-0
  Telefax: 0 30 / 20 07-21 66
  E-Mail: info@bmas.bund.de
  Internet: http://www.bmas.de

- **Bundesministerium für Wirtschaft und Technologie (BMWi)**
  Scharnhorststr. 34-37, 10115 Berlin
  Telefon: 0 30 18 / 6 15-9
  Telefax: 0 30 / 20 14-70 10
  E-Mail: info@bmwi.de
  Internet: http://www.bmwi.bund.de

- **Bundesministerium für Gesundheit (BMG)**
  Wilhelmstr. 49, 10117 Berlin
  Telefon: 0 18 88 / 4 41-0
  Telefax: 0 18 88 / 4 41-18 30 oder 0 30 / 20 07-18 30
  E-Mail: info@bmg.bund.de
  Internet: http://www.bmg.bund.de

- **Bundesministerium für Familie, Senioren, Frauen und Jugend (BMFSFJ)**
  Alexanderstr. 3, 10178 Berlin
  Telefon: 0 30 18 / 5 55-0
  Telefax: 0 30 18 / 5 55-44 00
  E-Mail: info@bmfsfjservice.bund.de
  Internet: http://www.bmfsfj.de

- **Bundesarbeitsgericht**
  Hugo-Preuß-Platz 1, 99084 Erfurt
  Telefon: 03 61 / 26 36-0
  Telefax: 03 61 / 26 36-20 00
  E-Mail: bag@bundesarbeitsgericht.de
  Internet: http://www.bundesarbeitsgericht.de

- **Bundessozialgericht**
  Graf-Bernadotte-Platz 5, 34119 Kassel
  Telefon: 05 61 / 3 10 71
  Telefax: 05 61 / 31 07-4 75
  E-Mail: bundessozialgericht@bsg.bund.de
  Internet: http://www.bundessozialgericht.de

Arbeitsrecht von A bis Z

- **Bundesagentur für Arbeit**
  Regensburger Str. 104, 90478 Nürnberg
  Telefon: 09 11 / 1 79-0
  Telefax: 09 11 / 1 79-21 23
  E-Mail: Zentrale@arbeitsagentur.de
  Internet: http://www.arbeitsagentur.de

- **Deutsche Rentenversicherung Knappschaft-Bahn-See**
  Minijob-Zentrale, 45115 Essen
  Service-Center Cottbus
  Telefon: 0 18 01 / 20 05 04 (Ortstarif)
  Mo – Fr 7.00 – 19.00 Uhr
  Telefax: 02 01 3 84 97 97 97
  E-Mail: minijob@minijob-zentrale.de
  Internet: http://www.minijob-zentrale.de

- **Deutsche Rentenversicherung Bund (DRV Bund; ehem. Bundesversicherungsanstalt für Angestellte/BfA)**
  Ruhrstr. 2, 10709 Berlin
  Telefon: 0 30 / 8 65-0
  Internet: http://www.deutsche-rentenversicherung.de
  (Das Portal enthält das Angebot sämtlicher Rentenversicherungsträger)

- **Deutsche Gesetzliche Unfallversicherung e.V. (DGUV)**
  Alte Heerstr. 111, 53757 Sankt Augustin
  Telefon: 0 22 41 / 2 31-01
  Telefax: 0 22 41 / 2 31-13 33
  E-Mail: info@dguv.de
  Internet: http://www.dguv.de

- **Bundesanstalt für Arbeitsschutz und Arbeitsmedizin**
  Friedrich-Henkel-Weg 1–25, 44149 Dortmund
  Telefon: 02 31 / 90 71-0
  Telefax: 02 31 / 90 71-4 54
  E-Mail: poststelle@baua.bund.de
  Internet: http://www.baua.de

- **Bundesgemeinschaft der Integrationsämter**
  www.integrationsaemter.de

weitere DIHK-PUBLIKATIONEN

Soziale Absicherung 2015
Tipps für Mittelstand und Existenzgründer
2015, 60 S. DIN A5

Insolvenzrecht
Moderne Wege aus der Schuldenfalle
und Wahrung der Gläubigerrechte
2015, 180 S. DIN A5

Datensicherheit – kurz und knapp
Ein Leitfaden für die Praxis
2014, 20 S. DIN A5

E-Mail, Facebook & Co. – wie man schriftlich antworten sollte
Anregungen zum angemessenen Einsatz der deutschen Sprache bei Service-Antworten
2014, 40 S. DIN A5

Internetgeschäfte mit Brief und Siegel
Der neue Personalausweis, De-Mail und die elektronische Signatur im Überblick
2012, 44 S. DIN A5

Die Umsatzsteuer im internationalen Geschäftsverkehr
Praktischer Leitfaden für Unternehmer mit zahlreichen Fallbeispielen, Hinweisen und Tipps
8. überarb. Aufl. 2014, 248 S. DIN A5

Online-Handel
Wegweiser durch die rechtlichen Rahmenbedingungen des E-Commerce unter Berücksichtigung des neuen Verbraucherrechts
2014, 134 S. DIN A5

Was der Gastwirt wissen muss
Rechtliche Grundlagen und praktische Tipps für das Gaststättengewerbe (ehemals Unterrichtung im Gaststättengewerbe)
2014, 232 S. DIN A5

Praxisleitfaden für zeitgemäße Presse- und Öffentlichkeitsarbeit
Öffentlichkeitsarbeit planen und systematisch aufbauen
2013, 104 S. DIN A5

Rechtsratgeber Berufsbildung
Handbuch für die Praxis – Basisinformationen für Ausbildungsbetriebe und Auszubildende
26. überarb. Aufl. 2015, 328 S. DIN A5

Die Umsetzung der Industrieemissionsrichtlinie
Neue Pflichten für Anlagenbetreiber – Neue Aufgaben für Behörden
2013, 44 S. DIN A5

Hochwasserschutz im Betrieb
Risiken erkennen – Richtig handeln
Ein Leitfaden der IHK-Organisation
2014, 40 S. DIN A 5

Gebühren für Gutachter
Das novellierte JVEG vom 23.07.2013
– Tipps für die Honorarabrechnung der Gerichtssachverständigen
6. Auflage, 2013, 168 S. DIN A5

Weitere Informationen und Bestellmöglichkeiten unter
http://verlag.dihk.de